U0600061

编辑匠心：
期刊编辑与出版探究

沈紫微　著

北京工业大学出版社

图书在版编目（CIP）数据

编辑匠心：期刊编辑与出版探究 / 沈紫微著 .
北京：北京工业大学出版社，2025. 1. -- ISBN 978-7
-5639-8727-6

Ⅰ . G237.5

中国国家版本馆 CIP 数据核字第 2025MF6172 号

编辑匠心：期刊编辑与出版探究

BIANJI JIANGXIN : QIKAN BIANJI YU CHUBAN TANJIU

著　　者：沈紫微

责任编辑：曹　媛

封面设计：周书意

出版发行：北京工业大学出版社　　http：//press.bjut.edu.cn

　　　　　（北京市朝阳区平乐园 100 号　邮编：100124）

　　　　　010-67391722　bgdcbs@bjut.edu.cn

经销单位：全国各地新华书店

承印单位：河北文盛印刷有限公司

开　　本：710 毫米 × 1000 毫米　1/16

印　　张：7.5

字　　数：122 千字

版　　次：2025 年 1 月第 1 版

印　　次：2025 年 1 月第 1 次印刷

标准书号：ISBN 978-7-5639-8727-6

定　　价：42.00 元

版权所有　翻印必究

（如发现印装质量问题，请寄本社发行部调换 010-67391106）

前　言

在人类文明的发展进程中，出版作为知识传播的重要载体，始终发挥着不可替代的作用，而期刊出版则是出版领域的重要组成部分。学术期刊以其独特的学术价值和社会功能，成为期刊体系中不可或缺的一环，其编辑与出版过程更是充满了匠心独运的智慧。

学术期刊编辑是学术期刊出版团队的核心成员，工作包括对稿件内容的审查、评估，需要不断学习新的编辑技术、审稿方法和出版规范，以确保文章符合学术期刊的出版标准和质量要求，保证学术期刊的质量和竞争力。同时，期刊编辑还需具备良好的沟通能力和团队协作精神，与同行评审专家、作者、读者和出版商保持沟通，确保学术期刊的声誉和影响力。

学术期刊编辑在工作中需要具备高度的专业素养和敏锐的洞察力，以策划具有影响力的主题和栏目；需要关注学科前沿，洞察学术动态，定期推出高质量的专题论文和研究报告。同时，学术期刊编辑还需要具备扎实的编辑技能和审美眼光，对稿件进行细致的修改和规范，确保文章表述清晰、逻辑严谨。面对日益激烈的竞争和复杂多变的出版环境，学术期刊编辑需要不断提升自身素质和能力，以应对各种挑战。

学术期刊编辑在学术出版中发挥着不可或缺的作用，他们通过精心策划和细致打磨，将学术论文转化为高质量的出版物。同时，学术期刊编辑还需要关注新兴学科和交叉学科的发展，为相关领域的研究成果提供展示平台。未来，随着数字化和网络化的发展，学术期刊编辑需要适应数字化出版的新模式，以拓展学术期刊的影响力和受众群体。

总之，学术期刊编辑的工作需要高度的专业素养、敏锐的洞察力和良好的团队协作精神，他们是学术成果传播和推广的重要力量。

鉴于此，本书围绕"编辑匠心：期刊编辑与出版"这一主题，由浅入深地阐述了学术期刊编辑的角色与职责、匠心精神的内涵、编辑匠心精神在出版行业中的意义，系统地论述了学术期刊的编辑与出版工作，深入探究了匠心精神在学术期刊编辑中的体现、在学术期刊出版中的实践，以及匠心精神对学术期刊编辑与出版行业的启示，以期为读者理解与践行学术期刊编辑与出版的匠心精神提供有价值的参考和借鉴。本书内容翔实、条理清晰、逻辑合理，在写作的过程中注重理论性与实践性的有机结合，适用于从事学术期刊编辑与出版工作的专业人士。

　　总的来说，本书旨在为学术期刊编辑人员提供有益的指导和实践支持。我们相信，只有每一个编辑人员都充分发挥自己的匠心精神，才能不断提升学术期刊的质量和影响力，学术期刊才能为学术界的发展做出更大的贡献。我们期待着广大读者能够通过阅读本书，更好地理解和体验学术期刊编辑与出版的过程，为自己的学术研究和工作提供有力的支持和帮助。

著者

2024 年 7 月

目　录

第一章　学术期刊编辑与匠心精神

第一节　学术期刊编辑的角色与职责

一、学术期刊概述

（一）学术期刊的定义

学术期刊是专门发表科学研究成果和学术论文的出版物，它们通常由特定的学术机构、大学或专业团体主办。这些学术期刊的内容涵盖了广泛的学科领域，包括但不限于自然科学、工程技术、医学、社会科学和人文学科。学术期刊的主要目的是促进学术交流，分享新的研究成果，推动学科的发展。

（二）学术期刊的特点

学术期刊的特点包括严格的同行评审过程，确保发表的文章具有高质量和学术价值。它们通常采用中立的第三方评审机制，即由其他领域的专家对提交的论文进行评估，以保证研究的可靠性和创新性。此外，学术期刊通常会定期出版，如月刊、季刊或半年刊，以便及时发布最新的研究成果。

（三）学术期刊的影响

学术期刊在学术界和社会中扮演着重要的角色。它们不仅是研究人员展示自己研究成果的平台，也是研究人员获取最新信息和灵感的来源。通过阅读学术期刊，研究人员可以了解自己研究领域的最新进展，发现新的研究方向和方法。此外，学术期刊还能够影响政策制定和社会公众的认知，尤其是在健康、环境和科技等领域。

二、学术期刊编辑的任务

工作角色是由任务决定的，有什么样的工作任务，就要求有什么样的工作角色。而且，任务一旦确定，就必须由相应的人员来完成，在此过程中，工作人员的角色定位也就明确了。探讨学术期刊编辑的角色定位，要从其特殊的工作职责和工作任务入手。

（1）选题策划。学术期刊编辑的首要任务之一便是选题策划，这一环节工作量大且充满变数。在有限的编辑团队（通常仅五六人）中，每位编辑需独立承担起每年数十个重点文章选题的策划工作，这不仅是对编辑专业素养的考验，更是对其创新能力与敏锐洞察力的极致挑战。

学术期刊选题的策划往往伴随强烈的非计划性和即时性。随着科技日新月异、学术理论不断推陈出新，编辑必须紧跟时代步伐，灵活调整选题方向，甚至在某些情况下，需要即时响应社会热点、学术前沿，迅速策划出具有时效性和前瞻性的选题。这要求编辑不仅要具备深厚的学科背景，还要拥有敏锐的信息捕捉能力和快速响应能力。

（2）审稿。学术期刊编辑的另一项核心工作是审稿，这一环节直接关系到学术成果的质量与学术期刊的声誉。编辑面对的学术论文稿件更多地体现了作者个人的学术观点和研究成果，这些成果往往未经广泛讨论和思想碰撞，因此可能带有前沿性、争议性乃至片面性。这就要求编辑在审稿过程中，不仅要具备扎实的专业知识，能够准确判断论文的学术价值和创新性，还要具备敏锐的批判性思维，能够识别并指出论文中的不足与潜在问题。同时，编辑还需在尊重作者学术自由的基础上，引导作者进一步完善论文，提升其学术质量。这一过程，既是对编辑专业素养的考验，也是对编辑耐心、细致与责任心的考验。

三、学术期刊编辑的角色定位

（一）建构中国自主知识体系的助推者

建构中国自主知识体系是国家的战略需要。这是由国家层面来指导推动的，最终要落到哲学社会科学工作者的身上。这就需要培养大批哲学社会科学优秀人才。学术期刊编辑可以从两个维度着力提升学术期刊的育人功能。

1. 抓好顶层设计，明确培养方向

哲学社会科学领域博大精深，涵盖了从哲学思辨到社会现象分析，从经济政策研究到法律制度探索，从历史文化传承到艺术美学探讨等多个方面。学术期刊编辑作为这一领域的"守门人"，首要任务便是从学术期刊的学科定位与办刊宗旨出发，精准把握学科发展方向，明确培养目标。学术期刊编辑应通过深入研究国内外学术动态，结合国家发展战略与学科前沿趋势，制订出既符合时代要求又体现学科特色的培养方案和行动计划。这不仅有助于形成清晰明确的学术导向，还能促进学者间的分工协作，构建起协同高效的研究生态系统，为中国自主知识体系的建构奠定坚实基础。

2. 做好选题工作，发挥学术期刊价值导向作用

选题工作是学术期刊编辑工作的核心环节，它不仅关乎学术期刊内容的质量与深度，更直接影响学术研究的导向与风气。在建构中国自主知识体系的背景下，学术期刊编辑应高度重视选题工作，将其视为引导学术研究方向、促进学术创新的重要抓手。

（1）日常选题。注重时效性与针对性，及时反映学科热点与难点问题，鼓励学者对现实问题进行深入剖析，提出独到见解。

（2）年度选题计划。围绕学科重点研究方向，规划一批具有前瞻性和战略性的研究课题，引导学者开展系统性、持续性的研究。

（3）长远选题规划。将建构中国自主知识体系作为学术期刊的长远目标，制订详细而具体的规划蓝图，通过设立专题栏目、组织专题研讨、出版学术集刊等形式，凝聚学术力量，推动相关领域的理论创新与实践探索。

学术期刊编辑应有意识地引导哲学社会科学工作者围绕长远选题规划展开深入研究，通过精心策划选题、严格筛选稿件、优化编辑流程等手段，确保学术期刊成为展示中国学术成果、传播中国学术声音的重要平台。同时，学术期刊编辑还应积极与国际学术界对话交流，提升中国学术的国际影响力，为中国自主知识体系的国际化传播贡献力量。

（二）职业把关人

把关人即那些决定信息或者商品能否进入渠道或者继续在渠道里流动的人。学术期刊编辑在出版工作中也具有类似的功能与作用。具体而言，学术期刊编辑要在以下四个方面做好把关工作。

1. 稿件质量

审稿是保证学术期刊质量的关键。学术期刊编辑需要从两方面对稿件进行审阅评价，以决定其是否具有刊发价值。

一方面，稿件在政治上是否正确。这要求编辑必须具备高度的政治敏感度和判断力，紧密跟随党的路线方针政策，严格审查稿件是否符合社会主义精神文明建设的要求，以及是否符合当前意识形态工作的导向。这种审查不仅是对国家政策法规的遵守，更是对学术领域健康发展的负责，旨在营造一个积极向上、和谐共进的学术交流环境。

另一方面，稿件在学术上是否有创新。学术创新是推动学科发展的不竭动力，它体现在新观点、新课题、新领域、新角度、新材料等多个方面。编辑需具备深厚的学术素养和敏锐的洞察力，能够识别出稿件中的创新点，评估其学术价值和社会意义，从而筛选出那些能够引领学科前沿、启迪思维火花的优秀作品。通过发表这些创新成果，学术期刊不仅丰富了学术宝库，也促进了学术界的交流与进步。

2. 编校质量

编校质量是衡量学术期刊学术水平与可读性的重要标尺。学术期刊编辑在加工整理稿件的过程中，需全面而细致地审视每一个细节，确保稿件在政治性、学术性、知识性、文字表达、格式、图表、符号等方面均达到高标准，满足"齐、清、定"的要求。

（1）政治性把关。作为文化产品的学术期刊，其内容必须符合国家法律法规，尊重社会公德与学术伦理。编辑需具备高度的政治敏感度和社会责任感，对稿件中的政治倾向、敏感话题进行严格审查，确保导向正确，避免引发不必要的争议。

（2）学术性审核。学术性是学术期刊的生命线。编辑需具备深厚的学科背景与广泛的学术视野，对稿件的学术价值、创新性、科学性进行严格评估，剔除低水平、重复或存在明显错误的稿件，提升学术期刊的学术影响力。

（3）知识性校验。确保稿件中的事实数据准确无误，引用的文献资料真实可靠，避免误导读者。编辑需具备扎实的专业知识与严谨的治学态度，对稿件中的知识点进行逐一核对，确保信息的准确性。

（4）文字表达与格式规范。优美的文字表达和规范的格式排版能够提升读者的阅读体验。编辑需对稿件进行润色，修正语法错误，调整句式结构，使文章更加流畅易读。同时，还需按照学术期刊的出版规范，统一格式，包括标题、摘要、关键词、正文结构、参考文献等，以确保稿件的"齐、清、定"。

（5）图表与符号处理。图表和符号是学术论文中不可或缺的元素，它们能够直观展示研究数据与结论。编辑需仔细审查图表的清晰度、准确性以及符号的一致性，确保图表与正文内容紧密相关，易于理解。

3. 装帧质量

装帧设计是学术期刊形式美的一部分。学术期刊编辑要有意识地从办刊宗旨、学术期刊特点及读者等角度考虑封面封底设计、版式设计、装订方式等。

装帧设计是学术期刊外在形象的重要体现，也是吸引读者眼球的第一道门槛。编辑需从办刊宗旨出发，结合学术期刊的学科特色和目标读者群体，精心设计封面封底、版式布局及装订方式，力求实现形式与内容的和谐统一。一个优秀的装帧设计，不仅能够准确传达学术期刊的学术定位和风格特色，还能激发读者的阅读兴趣，提升阅读体验。

在装帧设计过程中，编辑还需兼顾审美与实用的双重需求。审美上，要追求简约而不失雅致，色彩搭配和谐，图形元素富有创意，能够给人以美的享受；实用上，则要确保设计的合理性，如字体大小适中、排版清晰易读、装订牢固耐用等，以便读者能够轻松阅读并保存学术期刊资料。

4. 印刷质量

印刷质量是学术期刊整体质量的直观体现，它直接关系到读者对学术期刊的第一印象与阅读体验。学术期刊编辑需从成品尺寸、外观及内心三个方面加强监督和管理，确保印刷质量上乘。

（1）成品尺寸。确保学术期刊的成品尺寸符合设计要求，无论是开本、页边距大小，还是装订方式，都应与学术期刊的定位和风格相匹配，给读者以专业、统一的视觉感受。

（2）外观设计。封面是学术期刊的"脸面"，其设计应新颖独特，能够吸引读者的注意力。编辑需与设计师紧密合作，确定封面主题、色彩搭配、字体选择等，确保封面既美观又具有辨识度。同时，还需关注学术期刊的纸张质量、印刷工艺等细节，提升整体的质感与档次。

（3）内心质量。内心质量主要指的是学术期刊内部内容的排版布局、印刷清晰度等方面。编辑需与印刷厂紧密沟通，确保印刷过程中采用的纸张、油墨等材料符合环保标准，同时监督印刷质量，避免出现字迹模糊、色彩失真等问题，确保每一页内容都能清晰呈现给读者。

（三）媒体深度融合的实践者与引领者

在数字化浪潮的推动下，媒体融合已不仅是一个行业热词，而上升为国家战略，引领着传媒业迈向全新的发展阶段。面对这一历史性的变革，学术期刊编辑的角色正悄然发生深刻变化，从单一的内容生产者转变为媒体深度融合的实践者与引领者。学术期刊编辑要顺应媒体融合发展趋势，有针对性地推进学术期刊与媒体深度融合发展，借助媒体融合技术优势办好刊物。学术期刊编辑要抓住媒体融合发展的战略机遇期和关键窗口期，积极探索各种路径让媒体融入出版工作的每一个环节。

1. 媒体深度融合的实践者

（1）理念先行，拥抱变革。媒体深度融合，首要的是思维方式的转变。编辑需深刻理解媒体融合的核心要义，即不仅是技术层面的融合，更是内容、渠道、平台、经营、管理等多方面的深度融合。编辑需树立互联网思维、用户思维、数据思维，将这些新理念融入日常工作的每一个环节，从选题策划到内容呈现，再到读者互动，都力求创新求变。

（2）技术赋能，提升效能。技术是推动媒体融合的重要引擎。编辑应主动学习并掌握新媒体技术，如大数据分析、人工智能推荐、虚拟现实（VR）、增强现实（AR）等，利用这些技术优化内容生产流程，提高生产效率，丰富内容表现形式，使学术期刊内容更加符合现代读者的阅读习惯和审美需求。

同时，积极探索数字化出版、多媒体融合出版等新模式，拓宽学术期刊的传播渠道，提升其影响力。

（3）内容为王，质量为先。在媒体融合的过程中，无论形式如何变化，内容始终是学术期刊的核心竞争力。学术期刊编辑应坚持"内容为王"的原则，深入挖掘独家资源，精心策划选题，打造高质量、有深度的内容产品。同时，注重内容的跨平台适配和个性化定制，满足不同读者的差异化需求，提升用户体验。

2. 媒体深度融合的引领者

（1）创新机制，激发活力。编辑应主动参与到学术期刊社的体制机制创新中来，推动建立适应媒体融合发展的组织架构、工作流程和考核激励机制。通过优化资源配置，激发编辑团队的创造力和工作热情，为学术期刊的深度融合发展提供源源不断的动力。

（2）跨界合作，共赢发展。在媒体深度融合的背景下，跨界合作成为常态。编辑应积极寻求与其他媒体、行业、机构的合作机会，通过资源共享、优势互补，共同开发新产品、新市场，实现互利共赢。同时，关注行业发展趋势，及时捕捉市场热点，为学术期刊的转型升级提供方向指引。

（3）培养人才，储备力量。人才是媒体融合发展的关键。学术期刊社应重视人才队伍建设，加强编辑人员的培训和教育，提升其新媒体素养和综合能力。同时，积极引进具有新媒体背景的专业人才，为学术期刊的深度融合发展提供智力支持。通过构建多元化、专业化的编辑团队，为学术期刊的可持续发展奠定坚实的人才基础。

总之，作为媒体深度融合的实践者与引领者，学术期刊编辑应紧跟时代步伐，勇于创新实践，不断提升自身能力和水平，为推动学术期刊乃至整个传媒业的转型升级贡献智慧和力量。在媒体深度融合的大潮中，学术期刊编辑的角色定位将更加重要且多元，成为连接过去与未来、传统与现代的桥梁和纽带。

四、学术期刊编辑应具备的基本素养

（一）政治素养

政治素养是编辑的首要素质，它要求编辑具备正确的政治立场、坚定的政治信仰和敏锐的政治洞察力。在全球化背景下，学术期刊内容往往涉及多学科、多领域，编辑需时刻关注国内外政治经济形势，确保所刊发文章符合国家法律法规，积极弘扬社会主义核心价值观，避免传播错误或有害信息。

具体而言，政治素养体现在：一是坚持党性原则，确保学术期刊的办刊宗旨与党的路线方针政策保持一致；二是强化意识形态工作，把好政治关、导向关、内容关，坚决抵制不良信息的侵蚀；三是提升政治敏锐性和鉴别力，对涉及敏感话题的文章进行严格审查，确保学术讨论在健康、理性的轨道上进行。

（二）职业素养

职业素养是编辑的核心能力，它涵盖了专业知识、编辑技能、工作态度等多个方面。一名优秀的编辑，应具备深厚的学科背景，能够准确判断稿件的学术价值和创新性，为学科发展贡献力量。

职业素养要求编辑：一是具备扎实的专业知识，能够深入理解并把握学科前沿动态，为作者提供专业指导；二是精通编辑出版流程，包括选题策划、稿件筛选、编辑加工、审校排版等各个环节，确保学术期刊质量；三是秉持严谨的工作态度，对每一篇稿件都进行认真细致的审查，确保内容的真实性、准确性和规范性；四是追求卓越，不断探索编辑工作的新思路、新方法，推动学术期刊不断创新发展。

（三）媒介素养

在数字化时代浪潮的推动下，编辑的角色已不再局限于传统的文字编校与内容策划，而是向着更加多元化、互动化的方向发展。媒介素养，作为这一转型过程中的核心能力，对于编辑而言显得尤为重要。它不仅关乎于信息的筛选与呈现，更在于如何利用媒介的力量，连接作者、读者乃至更广泛的受众群体，促进知识的传播与交流。以下，将从"互联网+"思维、新媒体日常运维技能、运用媒介挖掘用户兴趣点及与用户互动四个方面，探讨期刊编辑应具备的媒介素养。

1. 具有"互联网+"思维

"互联网+"思维，是指将互联网的创新成果深度融合于经济社会各领域，提升实体经济的创新力和生产力，形成更广泛的以互联网为基础设施和创新要素的经济社会发展新形态。对于期刊编辑而言，这意味着要打破传统编辑模式的束缚，拥抱互联网的开放、共享、协同、用户至上的特性。编辑需具备敏锐的市场洞察力，紧跟行业动态，利用大数据、云计算等现代信息技术手段，分析读者需求，优化内容结构，提升学术期刊的吸引力和影响力。同时，还应积极探索学术期刊内容的数字化、网络化、智能化转型，如开发电子学术期刊、App、社交媒体矩阵等，拓宽传播渠道，实现学术期刊的跨平台传播。

2. 掌握新媒体日常运维的基本技能

随着新媒体的蓬勃发展，掌握其日常运维的基本技能已成为编辑的必修课。这包括但不限于社交媒体（如微博、微信公众号、抖音等）的内容策划与发布、搜索引擎优化（SEO）提升搜索引擎排名、数据分析以评估内容效果等。编辑需要熟悉不同平台的运营规则和用户习惯，灵活运用图文、视频、音频等多种表现形式，创作符合平台特性且能吸引目标受众的内容。同时，还需具备一定的数据分析能力，通过对用户行为、阅读偏好等数据的分析，不断调整优化内容策略，提升用户黏性和满意度。

3. 能够运用媒介挖掘用户的兴趣点

在信息爆炸的时代，如何精准捕捉并满足用户的兴趣点，是编辑面临的重要挑战。编辑需具备敏锐的媒介感知能力，通过用户调研、数据分析等多种方式，深入了解目标受众的需求与偏好。在内容创作过程中，注重内容的创新性和针对性，结合时事热点、行业动态、读者兴趣点等因素，策划出既有深度又具吸引力的专题或文章。此外，还可以通过设置话题讨论、用户投票、问卷调查等方式，增强与用户的互动，进一步挖掘和满足用户的潜在需求。

4.能够运用媒介与用户进行互动

互动性是新媒体的重要特征之一，也是提升用户参与度和忠诚度的关键。编辑应充分利用媒介的互动性优势，与用户建立紧密的联系。这包括但不限于在社交媒体平台上及时回复用户评论、参与话题讨论、组织线上线下的交流活动等。通过这些互动方式，编辑可以及时了解用户的反馈和建议，不断优化内容和服务；同时，也能增强用户对学术期刊的归属感和认同感，形成稳定的读者群体。此外，还可以借助媒介的力量，搭建作者与读者之间的桥梁，促进学术交流与思想碰撞，提升学术期刊的学术价值和社会影响力。

五、期刊编辑的主要工作职责

学术期刊在出版发行之前都会经历组稿→审稿→编辑加工→校对→定版→印刷，编辑人员在每个环节都发挥着重要的作用，因此在每个环节的工作职责都应明确细化。

（一）组稿的职责

组稿不仅是编辑工作流程的起点，更是确保学术期刊质量、引领学科发展的关键环节。

组稿，简言之，就是编辑根据学术期刊的定位、报道计划和选题计划，主动策划并邀请作者撰写符合学术期刊要求的高质量稿件的过程。这一过程不仅是编辑智慧的体现，更是对学术期刊品牌塑造和学术影响力提升的直接贡献。通过精心策划的组稿活动，学术期刊能够聚焦学科前沿，引导学术研究方向，促进学术交流与合作。

编辑在组稿前需深入研究学科发展趋势，准确把握学术热点与难点，结合学术期刊的办刊宗旨和读者需求，制订科学合理的选题计划。利用现代信息技术，如学术数据库、社交媒体、学术会议等渠道，广泛收集和分析学科动态，提出具有前瞻性和创新性的选题设想。这些选题应既能反映学科最新研究成果，又能激发读者的阅读兴趣，推动学科发展。

编辑人员可以尝试从以下途径广辟稿源：

（1）特约稿件。编辑应充分利用国内外知名教授、专家学者的学术资源，通过个人关系、学术会议、邮件邀请等方式，积极约请他们撰写专题文章或综述性论文。这些稿件往往具有较高的学术水平和影响力，能够显著提升学术期刊的学术价值。

（2）自由来稿筛选。面对自由来稿，编辑需具备敏锐的学术洞察力和判断力，从中筛选出内容新颖、观点独到、数据翔实、论证充分的稿件。同时，注重稿件的创新性和实用性，确保其对学科发展或生产实践具有指导意义。

（3）合作与交流。加强与相关学术机构、研究团体、出版社等的合作与交流，通过联合办刊、专题策划等形式，拓宽稿源渠道，吸引更多高质量稿件。此外，利用网络平台和社交媒体，加强与作者和读者的互动，提高学术期刊的知名度和影响力。

在组稿过程中，编辑还需对稿件进行严格的质量把控。从选题的新颖性、研究的科学性、论证的充分性到文字的规范性、格式的统一性等方面进行全面审查。对于不符合要求的稿件，及时提出修改意见或建议退稿；对于优秀稿件，则给予充分的肯定和支持，并协助作者完善稿件内容。通过这一系列的努力，确保每一篇发表的论文都能达到较高的学术水平和出版标准。

组稿时注意要选择能胜任撰稿任务的作者并对所约稿件的要求要明确具体，且取舍要慎重。

（二）审稿的职责

1. 初审：守门人的初步筛选

稿件的初审是学术编辑工作的第一步，也是至关重要的一环。在这一阶段，编辑需依据学术期刊的定位、学术标准及道德规范，对来稿进行初步评估。这要求编辑具备敏锐的学术洞察力，能够快速识别出稿件的创新性、科学性和实用性。同时，编辑还需严格遵守"编辑工作规程"和"稿件处理规则"，确保初审过程公正无私，对每一份稿件都给予平等的对待和仔细的审查。

2. 送审：同行评议的智慧汇聚

通过初审的稿件将进入送审阶段，即邀请相关领域的专家或学者进行同行评议。这一过程是学术评价的核心环节，旨在通过专家的专业眼光，对稿件进行更为深入、全面的审查。编辑在此过程中的角色是桥梁与协调者，需精心挑选合适的审稿人，确保评审的专业性和公正性。同时，编辑还需及时跟进审稿进度，处理审稿意见，并在必要时与作者和审稿人进行沟通，以促进稿件质量的提升。

（三）编辑加工的职责

1. 编辑加工：提升文稿质量的艺术

编辑加工是期刊编辑工作的另一大核心任务，也是保证学术期刊质量的关键环节。在这一阶段，编辑需对经过同行评议并决定录用的稿件进行细致的修改、整理和完善。编辑加工的过程，实际上是对原作品进行"去粗取精、去伪存真"的过程，旨在通过结构调整、数据核对、文字润色、体例统一及图表优化等手段，提升文稿的学术性、可读性和规范性。这一过程不仅要求编辑具备扎实的文字功底和深厚的学术背景，更需要编辑具备高度的责任心和耐心。

2. 质量控制：守护学术诚信的底线

在编辑加工过程中，质量控制是贯穿始终的主题。编辑需严格遵循学术规范和出版标准，对稿件中的每一句话、每一个数据都进行仔细核查，确保文稿准确无误。同时，编辑还需警惕学术不端行为，如抄袭、伪造数据等，一旦发现应立即采取措施予以纠正或撤销发表，以维护学术界的诚信与纯洁。

（四）校对的职责

在学术期刊出版的浩瀚流程中，编辑校对环节如同一道精细的筛网，它不仅是对编辑工作的延续与深化，更是确保学术期刊内容准确无误、形式规范统一的"最后一道防线"。作为这一重要职责的承担者，学术期刊编辑在校对过程中扮演着不可或缺的角色，他们的细致入微与严谨态度，直接关系到学术期刊的整体质量与学术声誉。

1. 消灭排版差错：细节决定成败

排版差错是校对过程中首先要解决的基础性问题。这些差错可能源自技术失误、人为疏忽或是软件缺陷，表现为文字错位、字体大小不一、行距不均、图片与文字错位等。编辑需以高度的责任心和敏锐的洞察力，逐一排查并纠正这些细微的不当之处，确保读者在阅读时能够享受到流畅、舒适的视觉体验。

2.统一体例，校正编排版式：规范之美

学术期刊的体例与编排版式是其专业性与审美价值的直接体现。编辑在校对时，需严格遵循既定的出版规范与学术期刊风格指南，对文章标题、作者信息、摘要、关键词、正文段落、图表标注、参考文献等各个部分进行逐一核对，确保体例统一、版式规范。这不仅能够提升学术期刊的整体美观度，更重要的是，它能够增强学术期刊的专业性和可信度，为读者提供清晰、有序的阅读路径。

3.发现编辑加工时的错漏：精益求精的追求

尽管稿件在编辑加工阶段已经过多次审核与修改，但人无完人，错漏在所难免。编辑在校对时需带着批判性思维，重新审视文稿的每一个细节，包括遣词用语的准确度、错别字、衍字、标点符号的使用等。同时，还需检查文中注释序号的顺序与对位是否准确，这是确保学术严谨性的重要环节。通过这一系列的精细检查，编辑能够最大限度地减少或消除定稿时遗留的错漏，提升学术期刊的学术质量。

4.尊重原稿，谨慎修改：平衡的艺术

在校对过程中，编辑若发现原稿中的问题，如作者退校时提出的问题，需秉持尊重作者、审慎修改的原则。对于原则性问题，如事实错误、逻辑矛盾等，必须及时与作者沟通并进行修改；而对于非原则性问题，如个别用词的偏好、表达方式的差异等，则应尽量保持原貌，避免随意改动。编辑需认识到，学术期刊的出版是学术成果的展示平台，应尊重作者的创作意图与学术成果，确保学术期刊内容的真实性与完整性。

学术期刊编辑校对工作是一项既烦琐又极具挑战性的任务，它要求编辑具备扎实的专业知识、敏锐的观察力、严谨的工作态度和高度的责任心。在校对过程中，编辑需以精细雕琢的精神，从内容到形式，对学术期刊进行全面、深入的审查与修正，确保每一期学术期刊都能以最佳的面貌呈现在读者面前。这不仅是对读者负责，更是对学术事业的尊重与贡献。

（五）定版的职责

定版作为编辑流程中的关键环节，直接决定了学术期刊的最终呈现效果与读者体验。

定版，简言之，就是学术期刊编辑在文稿经过初步编辑、校对后，对全期内容进行最终确定和进行排版布局的过程。这一过程要求编辑具备高度的责任心、敏锐的审美眼光以及扎实的专业知识，以确保学术期刊内容既符合学术或行业规范，又能在视觉上吸引读者，实现内容与形式的完美统一。

1. 定版内容详解

（1）全期安排。编辑需根据学术期刊的定位、读者群体及当前热点，合理规划全期内容，包括文章主题、篇幅分配、专栏设置等，确保内容丰富多样，结构紧凑有序。

（2）版面与版式处理。这包括每页的具体布局，如标题位置、正文段落、图片插入点、留白处理等。编辑需根据文章性质、图片质量及整体风格，灵活调整版面元素，使页面既美观又易于阅读。

2. 细节排定

（1）目录。准确无误地列出所有文章标题及页码，便于读者快速定位。

（2）正文。检查文字表述是否清晰准确，段落划分是否合理，确保逻辑连贯。

（3）补白。利用短小精悍的短文、名言警句或趣味小知识填补版面空白，增加学术期刊的趣味性和信息量。

（4）插页图。精选高质量图片，与文章内容紧密相关，提升视觉效果。

（5）英文摘要与目录。对于国际化学术期刊，还需确保英文摘要的准确性和英文目录的完整性，便于国际交流。

（6）版权信息。清晰标注版权归属、出版日期等基本信息，保护知识产权。

（7）字体、字号。统一规范字体、字号使用，保持学术期刊整体风格的一致性。

3. 空白处理

若定版过程中出现页面空白过多，编辑需灵活应对，可通过补发文摘、调整文章布局或增加相关资讯等方式，有效利用版面资源。

当下，学术期刊编辑肩负起更为重要的使命和责任。为了更好地促进学术期刊事业的发展，期刊编辑要根据新使命重新审视自身的角色和定位，并有针对性地提高自身的基本素养。唯有这样，期刊编辑才能够准确把握学术期刊的发展趋势，解决学术期刊发展面临的问题，引领学术期刊的前进方向，成为与时代同行的有为编辑。

（六）印刷的职责

1. 排版与版式设计

排版是印刷环节的第一步，也是最为关键的一步。它要求排版人员严格按照学术期刊的版式要求，将编辑加工完成的稿件进行排版，确保内容的准确无误和版面的美观大方。排版过程中，需要特别注意字体、字号、行距、段落的规范使用，以及图表、公式的精准嵌入。此外，还需考虑学术期刊的整体风格与学术氛围的营造，使学术期刊在视觉上达到统一和谐的效果。

2. 制版与校对

制版是将排版完成的稿件转化为印刷所需的胶片或数字文件的过程。在这一过程中，需要确保制版的精度和准确性，避免因制版错误导致的印刷质量问题。同时，校对是必不可少的环节，它要求校对人员逐字逐句地检查排版文件，确保文字、数据、图表等内容的准确无误。校对工作的细致程度直接影响到学术期刊的出版质量，是防止错误流出、提升学术期刊专业性的重要保障。

3. 印刷与质量控制

印刷是学术期刊出版的最后一道工序，也是将学术期刊内容呈现给读者的关键环节。印刷过程中，需要选择合适的印刷设备和材料，确保印刷效果。同时，印刷质量控制也是至关重要的，它要求印刷人员严格按照印刷工艺要求进行操作，对印刷过程中的每一个环节进行严格监控，确保印刷品的颜色、字体、图像等要素符合学术期刊的出版标准。此外，还需进行印后检查，及时发现并纠正可能存在的印刷问题，确保学术期刊的出版质量。

第二节　匠心精神的内涵

一、中国传统匠心精神的丰富内涵

在中国浩瀚的历史长河中，匠心精神，即工匠精神，如同璀璨星辰，照亮了中华文明的辉煌篇章。它不仅是对精湛技艺的不懈追求，更是职业态度、人生哲学乃至文化传承的深刻体现。下面将从三个方面深入探讨中国传统匠心精神的丰富内涵。

（一）精益求精、坚守岗位的职业素养

"精益求精"这四个字是对中国传统工匠精神的最佳注解。它不仅是一种技艺上的追求，更是一种生活哲学的体现。无论是繁复的宫廷御器，还是朴素的民间手工艺品，都凝聚着匠人们对品质的极致追求。这种追求，体现在对材料的精心挑选上，对工艺的反复推敲上，以及对成品的严格检验上。工匠们深知，真正的艺术品或产品，其价值不在于数量的堆砌，而在于质量的极致。他们愿意花费数倍乃至数十倍的时间和精力，只为那一份"恰到好处"的完美。

与"精益求精"相辅相成的，是工匠们对岗位的坚守与热爱。在这个日新月异的时代，许多传统手工艺面临前所未有的挑战。然而，正是这些看似平凡却又不凡的工匠，用他们的坚持与热爱，守护着这份宝贵的文化遗产。他们不受外界诱惑的干扰，不畏艰难困苦的阻挠，始终如一地沉浸在手艺的世界里。对他们而言，手艺不仅是一种谋生的技能，更是一种生活的态度、一种精神的寄托。他们通过手中的作品，传递着对美的理解、对生活的热爱，以及对未来的憧憬。这种坚守，不仅是对技艺的传承，更是对文化自信的彰显。在浮躁喧嚣的现代社会中，这种精神显得尤为珍贵和难得。

（二）德艺并重的人生追求

在历史长河中，中国以其深邃的文化底蕴和卓越的工艺成就，孕育了独具特色的匠心精神。这不仅是一种对技艺的极致追求，更融合了高度的道德情操与通透的人生哲学。

　　工匠们深知，每一项技艺背后都承载着千年的智慧与文化的传承，因此，在磨炼技艺的过程中，工匠们始终保持着一种谦卑与敬畏的态度。他们相信，唯有心怀敬畏，方能深入技艺的骨髓，领悟到其中的真谛，从而在不断的实践中达到技艺的炉火纯青。这种对技艺的敬畏，不仅促使他们不断精进，更使他们的作品充满了生命力。然而，匠心精神的价值远不止于此。在中国传统文化中，工匠们同样重视个人品德的修养，将诚信、勤奋、谦逊等美德视为立身之本。他们认为，技艺虽高，若无德行支撑，终难长久。因此，工匠们在日常的工作与生活中，始终秉持着高尚的职业道德，以诚信为本，勤勉不辍，谦逊待人。正是这种德艺并重的追求，使匠心精神成为一种超越技艺本身的精神力量。它不仅促进工匠们技艺的精湛，更关乎工匠们人格的完善与人生境界的提升。在工匠们看来，技艺与品德是相辅相成的两个方面，二者缺一不可。

（三）尊师重道的历史传承

　　1. 师徒制度：技艺与品德的双重传承
　　自古以来，中国就有着"一日为师，终身为父"的尊师传统。师徒制度，作为古代技艺传承的主要模式，不仅是一种技能传授的方式，更是一种文化、道德观和价值观的传递过程。徒弟踏入师门，不仅是为了学习一门手艺，更是为了接受师傅的言传身教，学习如何做人、如何处事。在这个过程中，师傅不仅是技艺的传授者，更是品德的塑造者，他们以自己的言行举止，潜移默化地影响着徒弟。师傅倾囊相授，不仅将毕生所学毫无保留地传授给徒弟，更在传授技艺的同时，注重培养徒弟的耐心、专注、精益求精的工匠精神。他们深知，真正的技艺不仅是技巧的堆砌，更是对美的追求、对完美的执着。因此，在传授技艺的同时，师傅还会讲述行业的历史、故事，以及自己多年的经验和心得，让徒弟在技艺的海洋中感受到文化的厚重与温度。
　　2. 尊师重道：对技艺与文化的敬畏
　　尊师重道，不仅是对师傅个人的尊敬与感激，更是对技艺本身、对文化传承的敬畏与尊重。在中国传统文化中，技艺被视为一种神圣的存在，它承载着先人的智慧与汗水，是连接过去与未来的桥梁。因此，对于技艺的传承者而言，尊重师傅、尊重技艺，就是尊重历史、尊重文化。同时，尊师重道还体现了一种社会责任感。在古代社会，许多技艺都是在家族或门派内部传承的，师傅不仅要教会徒弟技艺，还要确保这些技艺能够继续发扬光大，不至于失传。这种责任感促使师傅对徒弟严格要求，同时也让徒弟更加珍惜学习的机会，努力将所学技艺发扬光大。

二、新时代匠心精神的深刻内涵

在日新月异的新时代背景下，匠心精神不再仅仅是传统手工艺人精雕细琢、追求极致的代名词，它已经被赋予了更为丰富和深远的内涵，成为推动社会进步、促进国家发展的重要力量。匠心精神，在新时代语境下，融合了与时俱进的创新精神、心无旁骛的敬业精神、知行合一的实践精神以及为国为民的担当精神，共同构成了新时代的匠心精神。

（一）与时俱进的创新精神

步入新时代，匠心精神被赋予了更加丰富的内涵，其中，与时俱进的创新精神成为其核心要素之一，引领着传统与现代的深度融合，推动社会经济的蓬勃发展。

在新时代背景下，创新被提升到了前所未有的高度，成为引领发展的第一动力。新时代的匠心精神，不再仅局限于对传统技艺的精湛传承，而是更加注重技术的革新与应用的拓展。工匠们不再满足于现状，他们敢于突破常规，勇于挑战未知，将创新视为自我超越和推动行业进步的关键。

新时代的工匠深知，传统是根基，创新是灵魂。他们不仅精通古老的手工艺，更懂得如何将传统智慧与现代科技相结合，创造出既保留文化底蕴又符合时代需求的新产品、新服务。通过引入新技术、新工艺、新材料，工匠们不仅提升了产品的性能和质量，更赋予了其独特的文化内涵和时代气息。这种融合，不仅是对传统的致敬，更是对未来的探索。创新精神的蓬勃发展，不仅提升了产品的竞争力和附加值，更在深层次上推动了产业结构的优化升级。新时代的工匠通过技术创新，不断开拓新的市场领域，引领产业向高端化、智能化、绿色化方向发展。他们利用大数据、云计算、人工智能等先进技术，提升生产效率，降低能耗成本，实现可持续发展。这种由创新驱动的发展模式，为经济社会发展注入了强劲动力，推动了经济的高质量发展。

新时代的匠心精神，不仅是一种职业态度和技术追求，更是一种社会责任感和使命担当。它激励着每一个工匠，在追求个人技术精进的同时，也要关注社会需求和公共利益。通过创新，工匠们能够为社会创造更多有价值的产品和服务，提升人们的生活品质，促进社会的和谐与进步。这种精神的传承与发扬，对于构建创新型社会、推动文明进步具有重要意义。

(二) 心无旁骛的敬业精神

作为匠心精神的核心要素之一，心无旁骛的敬业精神不仅是体现了工匠们对本职工作最深沉的热爱，更是工匠们对完美不懈追求的生动诠释。它要求工匠们摒弃杂念，全身心投入工作中，以近乎苛刻的标准要求自己，力求在每一个细节上达到极致。

敬业，不仅是对职责的简单履行，更是一种源自内心的情感共鸣和使命担当。新时代的工匠们，无论身处何种岗位，都深刻理解每一份工作都是对社会的一份贡献，每一次努力都承载着对专业的敬畏与尊重。他们视工作为生命的一部分，用无尽的热情和不懈的努力，诠释着对职业的忠诚与热爱。

心无旁骛，是新时代匠心精神的重要特征。在这个信息爆炸、诱惑众多的时代，能够保持内心的宁静与专注，实属难得。工匠们深知，唯有将全部心思倾注于手头的工作，才能洞察入微，发现常人难以察觉的问题，从而在细节中创造卓越。科研工作者在实验室里反复试验，只为那一点点突破；工程师在生产线上精细调试，确保每一个部件的完美契合；教师在讲台上无私奉献，用知识的光芒照亮学生的未来。这些看似平凡的瞬间，实则都是匠心精神的体现，是专注与投入的最好证明。精益求精，是新时代匠心精神的永恒追求。工匠们深知，没有最好，只有更好。他们不断挑战自我，勇于突破传统束缚，以创新的思维和严谨的态度，推动技术进步和产业升级。在追求完美的道路上，他们从不满足于现状，始终保持着对更高标准的渴望和追求。这种精神，不仅促进了个人技能的提升，更为社会带来了更多高质量的产品和服务，推动了整个行业的健康发展。

心无旁骛的敬业精神，不仅让工匠们在各自的领域取得了卓越成就，更为社会树立了良好的风尚。它激励着更多的人投身于自己热爱的事业中，用匠心去雕琢每一个细节，用汗水去浇灌每一个梦想。这种精神是推动社会进步的重要动力，也是实现中华民族伟大复兴中国梦的坚实基石。

（三）知行合一的实践精神

"知行合一"源自中国古代哲学大家王阳明的思想精髓，强调认识与实践的不可分割性。在新时代的语境下，这一理念被赋予了新的生命力，成为匠心精神的核心要义。新时代的工匠们，不再仅仅满足于书本知识的积累，而是将知识视为行动的指南，致力于将理论知识转化为解决实际问题的能力。他们深知，唯有通过实践，才能让知识焕发出真正的价值，推动技术革新与产业升级。

面对日新月异的技术挑战，新时代的工匠们展现出非凡的勇气和智慧。他们不畏艰难，勇于探索未知领域，将所学理论知识应用于实践中，不断试错、调整、优化，直至找到解决问题的最佳方案。从精密制造到智能制造，从新材料研发到绿色能源应用，每一个技术突破的背后，都凝聚着工匠们无数次的实践尝试与不懈努力。他们以实际行动诠释了"实践是检验真理的唯一标准"，用一项项创新成果证明了知行合一的强大力量。

在实践的过程中，新时代的工匠们不仅解决了技术难题，更在不断试错与反思中积累了丰富的经验。这些经验，如同宝贵的财富，被他们精心整理、提炼，成为新的知识体系的一部分。更重要的是，他们并不满足于现状，而是在经验的基础上持续创新，探索更加高效、环保、智能的技术路径和工作方法。这种不断追求卓越、勇于自我超越的精神，正是新时代匠心精神最动人的地方。

（四）为国为民的担当精神

步入新时代，匠心精神不仅承载着对传统技艺的坚守与创新，更被赋予了新的内涵与使命——那是一种为国为民的担当精神，它如同璀璨星辰，照亮了工匠们前行的道路，也映照出国家发展的宏伟蓝图。

新时代的工匠们，不再是传统意义上的手艺人，他们更是国家发展的参与者和推动者。面对国家重大工程项目，他们挺身而出，以精湛的技术和不懈的努力，为国家的基础设施建设添砖加瓦。从巍峨的桥梁到蜿蜒的铁路，从航天工程到海洋探索，每一个项目的背后，都凝聚着工匠们的智慧与汗水。他们以实际行动诠释了"国家兴亡，匹夫有责"的深刻内涵，将个人的理想追求深深融入国家发展的伟大事业之中。新时代的匠心精神，还体现在对民生福祉的深切关怀上。工匠们深知，技术的进步应当服务于人民，造福于社会。因此，他们致力于研发更加安全、环保、便捷的产品和服务，以满足人民日益增长的美好生活需要。从智能家居到绿色出行，从健康医疗到教育娱乐，每一个领域的创新突破，都是工匠们对"以人民为中心"发展理念的生动实践。他们用科技的力量改善人们的生活质量，让人民群众在享受便捷与舒适的同时，也感受到了社会发展的温度与关怀。

为国为民的担当精神，是新时代匠心精神的核心所在。它要求工匠们不仅要具备高超的技艺和创新的能力，更要有强烈的家国情怀和社会责任感。在面对困难和挑战时，他们能够勇于担当、敢于创新；在享受成功和荣誉时，他们能够保持谦逊、不忘初心。这种担当精神，让新时代的工匠们成为推动社会进步的重要力量，也让匠心精神在新时代焕发出了更加耀眼的光芒。

第三节　编辑匠心精神在学术期刊出版中的意义

进入21世纪以来，人类社会被数字化、信息化的巨浪席卷，这一变革不仅重塑了全球经济的面貌，也对文化传播领域产生了深远的影响。学术期刊作为知识与信息传播的重要载体，正站在一个前所未有的十字路口，既迎来了技术创新带来的无限可能，也面临前所未有的挑战与考验。在此背景下，践行学术期刊编辑的匠心精神，不仅是对传统出版价值的坚守，更是学术期刊业在数字化浪潮中破浪前行、持续发展的必要途径。

一、编辑匠心精神解析

在浩瀚的文化长河中，编辑作为文字的雕琢者、思想的传播者，其角色举足轻重。他们不仅是信息的筛选者，更是文化的传承者与创新者。编辑匠心精神，正是这一职业群体所秉持的核心价值观，它涵盖了专注、热情、智慧、创新、精细、效率、责任与执行力八大方面，共同描绘了编辑职业的璀璨星空。

（一）专注：编辑工作的灵魂基石

在信息爆炸的今天，我们被各种信息洪流裹挟，大量的信息让人应接不暇，难以分辨真伪与价值。正是在这样的背景下，编辑的专注显得尤为珍贵。专注，是编辑工作的首要品质，它要求编辑在面对海量素材时，能够保持高度的警觉与敏锐的洞察力，像淘金者一样，从沙砾中筛选出闪光的金子。

（二）热情：编辑创作的永恒动力

如果说专注是编辑工作的灵魂基石，那么热情则是推动这一切向前发展的不竭动力。对文字的热爱，让编辑愿意花费无数个日夜，沉浸在书海与键盘之间，反复推敲，精益求精；对文化的敬仰，让他们时刻保持着对知识的敬畏之心，不断汲取营养，丰富自己的内心世界；而对传播价值的执着追求，则让他们敢于突破陈规，勇于创新，以独特的视角和深刻的理解，为读者带来前所未有的阅读体验。

这份热情，如同熊熊燃烧的火焰，不仅照亮了编辑自己的前行之路，也温暖了每一位读者的心房。它让编辑在面对困难和挑战时，能够坚持不懈，勇往直前；在面对成功和赞誉时，能够保持谦逊，不忘初心。正是这种热情，让编辑工作不仅是一份职业，更是一种使命，一种对美好世界的向往与追求。

（三）智慧：信息海洋中的导航灯塔

在信息泛滥的当下，编辑的智慧如同一座明亮的灯塔，照亮读者前行的道路。这份智慧，首先源自编辑广博的知识储备。一个优秀的编辑，既是杂家也是专家，既能够跨越学科界限，对各个领域的知识有所涉猎，又能在某一领域内精耕细作，形成独到的见解。这样的知识储备，使他们在筛选信息时能够迅速识别真伪，分辨价值，确保传递给读者的所有内容都是经过精心筛选与鉴别的。

敏锐的洞察力与深刻的思考能力，则是编辑智慧的另一重要体现。面对复杂多变的社会现象与海量信息，编辑需具备穿透表象、直击本质的能力。

正是这样的智慧，让编辑的工作不仅是信息的传递，更是智慧的启迪与思想的碰撞。他们以独到的见解和深刻的剖析，为读者搭建起一座连接现实与未来的桥梁，让每一次阅读都成为一次心灵的旅行与智慧的升华。

(四) 创新：永葆活力的不竭源泉

在信息传播方式日新月异的今天，传统的编辑模式已难以满足读者日益多样化的需求。因此，编辑必须勇于突破传统思维束缚，积极探索新的编辑手法、表现形式和传播渠道。

创新，意味着不断尝试与突破。编辑需紧跟时代步伐，掌握最新的技术工具与传播平台，如大数据、人工智能、社交媒体等，利用这些新技术优化内容生产流程，提升内容质量与传播效率。同时，他们还需敢于在内容创作上大胆创新，尝试新的叙事方式、视觉呈现方式与互动体验方式，让内容更加贴近读者生活，更加符合时代特征。

更重要的是，创新要求编辑始终保持一颗好奇心。他们需不断关注社会动态与读者需求的变化，及时调整编辑策略与内容方向，确保每一次创新都能精准对接市场需求，赢得读者的认可与喜爱。

(五) 精细：字斟句酌的艺术

"精细精细，是编辑工作的基本要求。"这句话不仅是对编辑职责的精练概括，更是对编辑人精神状态的深刻描绘。在编辑的笔下，每一个标点符号都不仅仅是语言的停顿，更是情感的微澜、逻辑的桥梁、引导读者思维的灯塔。编辑需具备敏锐的洞察力，能够捕捉到文字背后的深意，通过精细的调整，使文章更加流畅、准确、生动。

这种精细不仅体现在对文字的直接修改上，更体现在对内容的整体把控上。编辑需要深刻理解文章的主题、目的和受众，通过字斟句酌、精益求精，确保内容的逻辑严谨、表达精准。他们对每一个细节都倾注心血，力求达到完美的境界，为读者带来愉悦的阅读体验。

（六）效率：快节奏时代的必然选择

在快节奏的时代背景下，仅有精细还远远不够。效率，成为编辑工作中不可或缺的能力。面对海量的信息和紧迫的时间，编辑必须学会高效工作，以最快的速度将优质内容呈现给读者。这要求编辑不仅要具备扎实的专业技能，还要有良好的时间管理能力和团队协作精神。

高效的工作方式意味着编辑需要合理安排工作流程，优化资源配置，减少不必要的重复劳动。同时，他们还需要保持高度的专注力和敏锐的应变能力，以应对突如其来的挑战和变化。在团队协作中，编辑需要与作者、校对、排版等各个环节紧密配合，确保信息的准确传递和任务的顺利完成。

（七）责任：肩负使命的担当

在信息传播的链条上，编辑是至关重要的一环。编辑是价值的引导者。面对纷繁复杂的信息海洋，编辑需时刻保持清醒的头脑，以高度的社会责任感为指引，坚守职业道德底线。这意味着，在追求知识时效性的同时，更要确保真实性、客观性和公正性。

（八）执行力：将梦想变为现实的桥梁

如果说责任是编辑工作的灵魂，那么执行力则是将这份责任感转化为实际行动的关键。在编辑领域，任何美好的构想和规划，如果没有强大的执行力作为支撑，都将难以落地生根，更无法开花结果。因此，编辑需具备强大的行动力和执行力，将编辑理念、创作灵感转化为具体可行的操作方案，并坚持不懈地执行下去。

执行力要求编辑具备高度的专业素养和敏锐的市场洞察力。他们需要紧跟时代步伐，了解读者需求，精准把握市场趋势，从而制订出切实可行的编辑计划。同时，在执行过程中，编辑还需保持高度的责任心和耐心，面对困难和挑战不退缩、不放弃，以坚韧不拔的毅力推动项目向前发展，直至目标达成。

总之，编辑匠心精神是编辑职业的核心价值所在，它不仅是编辑个人成长的内在动力，更是推动文化繁荣和社会进步的重要力量。

二、编辑匠心精神在学术期刊出版中的深远意义

在浩瀚的知识海洋中，学术期刊作为学术交流与信息传播的重要载体，承载着推动科学进步、文化传承与思想碰撞的神圣使命。而在这一过程中，编辑的匠心精神无疑是学术期刊质量的灵魂所在，它不仅关乎学术的严谨性、创新性，更深刻影响着知识的传播效果与社会的认知深度。

(一)保障学术质量，守护知识纯粹

编辑匠心精神的首要体现，在于对学术质量的严格把控。在海量来稿中，编辑需凭借深厚的专业功底、敏锐的洞察力及高度的责任感，筛选出具有创新性、科学性、实用性的研究成果。这一过程不仅需要扎实的学术功底作为支撑，更需要编辑秉持公正无私的态度，拒绝任何形式的学术不端，守护知识的纯粹与学术的尊严。正是这份匠心独运，确保了学术期刊内容的高质量，为学术界树立了标杆。

(二)促进学术交流，激发创新思维

编辑不仅是稿件的选择者，更是学术交流的推动者。他们通过精心策划专题、组织学术论坛、邀请专家评审与点评，搭建起学者之间沟通的桥梁。在这个过程中，编辑的匠心体现在对学术前沿的敏锐把握、对热点问题的深刻洞察以及对不同观点的包容与引导上。他们鼓励创新思维，激发学术活力，促进学科交叉融合，为知识的创新与发展注入源源不断的动力。

(三)优化传播方式，提升阅读体验

随着信息技术的发展，学术期刊的出版形式与传播渠道日益多元化。编辑的匠心精神在这一领域同样发挥着不可替代的作用。他们紧跟时代步伐，探索数字化出版的新模式，如建设在线平台、开发移动应用、利用社交媒体推广等，以更加便捷、直观的方式将学术成果呈现给读者。同时，编辑还注重排版设计、语言润色等细节，力求使学术期刊既具学术性又不失可读性，提升读者的阅读体验，促进知识的有效传播。

（四）培养学术人才，传承文化精神

编辑工作不仅是知识的筛选与传播，更是学术人才的培养与文化的传承。在与作者、审稿人的互动中，编辑以自身的专业素养和人格魅力，影响和激励着年轻一代学者。他们耐心指导作者完善稿件，帮助青年学者成长；同时，通过策划专题、组织纪念活动等方式，弘扬学术精神，传承文化遗产。这种潜移默化的影响，对于培养未来的学术领军人物、构建积极向上的学术生态具有深远的意义。

三、《草业学报》对编辑匠心精神的需求

在浩瀚的学术海洋中，《草业学报》作为草业科学领域的重要学术期刊，不仅承载着传播最新科研成果、推动学科发展的重任，更是展现编辑团队匠心精神的舞台。面对日益增长的海量投稿，要想确保每一期内容的质量，使之成为引领行业进步的灯塔，离不开编辑对内容筛选的精准把握以及对学术规范的严格坚守。下面将从以下方面探讨《草业学报》对编辑匠心精神的需求。

（1）内容筛选的精准性。面对海量投稿，《草业学报》的编辑需具备深厚的学科背景和敏锐的学术洞察力，能够准确判断稿件的创新性、科学性和实用性，确保每一篇发表的论文都是草业科学领域的精华之作。

（2）学术规范的严谨性。遵循国际通行的学术规范和标准，是学术期刊的基本职责。《草业学报》的编辑需严格把关，从引用格式、数据真实性到伦理道德，全方位保障论文的学术诚信和规范性，维护学术界的纯洁与尊严。

（3）创新观点的挖掘与推广。创新是推动学科发展的不竭动力。《草业学报》的编辑应主动发掘并推广具有前瞻性和突破性的研究成果，通过专题策划、学术论坛等形式，促进学术思想的碰撞与交流，激发新的研究灵感。

（4）读者服务的贴心性。学术期刊的最终目的是服务读者。《草业学报》的编辑需关注读者的需求和反馈，不断优化版面设计、提高文章可读性、加强作者与读者之间的互动，构建良好的学术生态环境。

第二章　学术期刊的编辑工作

第一节　学术期刊的选题与策划

一、学术期刊的选题

(一)学术期刊选题的定义

学术期刊选题，简言之，是指期刊编辑部根据学科发展趋势、学术热点、读者需求及学术期刊定位，精心策划并确定的一系列拟刊登文章的主题或方向。这一过程既是对学术前沿的敏锐捕捉，也是对学术期刊品牌塑造的深思熟虑。选题不仅体现了编辑团队的专业素养与学术眼光，更是学术期刊特色与风格的直接体现。

(二)学术期刊选题的工作内容

学术期刊选题的工作内容丰富，涵盖了从选题策划到具体实施的多个方面，具体包括但不限于：

(1)选题名称。即本次选题的主题或标题，需简洁明了地概括选题的核心内容，吸引作者与读者的注意。

(2)页数预测。基于选题规模、预期稿件数量及篇幅，合理预测该选题所占用的学术期刊版面页数，以便整体编排。

(3)出版时间。明确选题文章的出版计划，包括截稿日期、审稿周期及预计出版月份，确保选题按时推进。

(4)针对对象。分析选题的目标读者群体，包括专业研究人员、学生、政策制定者等，以便精准定位内容深度与广度。

(5)责任编辑。指定负责该选题的编辑人员，由责任编辑负责选题策划、稿件征集、审稿组织及后期编辑加工等工作，确保选题顺利实施。

此外，学术期刊选题还需考虑跨学科融合、国际视野拓展、创新性与实用性的平衡等多方面因素，这些都需要编辑部与各相关部门紧密配合，进行细致的规划与协调。

(三) 学术期刊选题的策略

在知识爆炸的时代，学术期刊作为学术交流与知识传播的重要平台，选题质量直接关系到学术期刊的影响力与生命力。面对日益激烈的竞争环境，科学合理的选题策略成为学术期刊发展的关键。下面将从趋势预测、专家咨询、读者反馈、热点追踪以及特色定位五个方面探讨学术期刊选题的策略，以期为期刊编辑提供实践指导。

1. 趋势预测：基于大数据分析，前瞻布局

在数字化时代，大数据为预测学科发展趋势提供了强有力的工具。期刊编辑应充分利用大数据分析技术，挖掘学术论文、引用关系、作者合作网络、科研资助项目等多源数据，识别出学科前沿、新兴领域及潜在热点。通过分析这些数据中的模式与趋势，学术期刊可以提前布局选题，邀请相关领域的学者撰写综述文章或原创研究，从而在学术界占据先机，引领学科发展。

2. 专家咨询：权威参与，提升专业性

邀请领域内的权威专家参与选题论证，是提升学术期刊选题专业性和权威性的重要途径。专家凭借深厚的学术造诣和敏锐的洞察力，能够准确把握学科发展的脉搏，为学术期刊提供高质量的选题建议。通过组织专家论证会、在线研讨会等形式，集思广益，不仅能够确保选题的前沿性和创新性，还能增强学术期刊在学术界的影响力。

3. 读者反馈：倾听需求，优化服务

读者是学术期刊服务的最终对象，他们的需求和反馈是学术期刊改进选题的重要依据。期刊编辑应定期通过问卷调查、读者来信、社交媒体互动等方式收集并分析读者的意见和建议。了解读者对学术期刊内容的偏好、期望及改进建议，有助于学术期刊更加精准地定位选题方向，满足读者的实际需求，提升读者对学术期刊的满意度和忠诚度。

4. 热点追踪：快速响应，把握时机

国内外学术会议、政策导向、突发事件等常常成为学术研究的热点和焦点。期刊编辑应密切关注这些动态，及时捕捉并追踪相关热点话题，迅速组织专题策划或约请相关学者撰写评论文章。通过快速响应，学术期刊不仅能够为读者提供最新鲜、最前沿的学术资讯，还能在学术圈内树立敏锐的形象，增强学术期刊的时效性和影响力。

5. 特色定位：差异化发展，增强辨识度

在众多学术期刊中脱颖而出，关键在于具有品牌特色和辨识度。学术期刊编辑应深入分析学术期刊自身的定位与特色，结合学科特点、读者群体及市场需求，打造差异化的选题体系。持续挖掘和强化学术期刊的独特价值，如专注于某一细分领域，采用特定的研究方法或发表具有特定风格的文章等，使学术期刊在学术界形成鲜明的品牌标识，吸引并留住特定读者群体。

（四）学术期刊选题的实施路径

1. 明确选题目标：基于学术期刊定位与发展规划

首先，学术期刊编辑部需深入剖析学术期刊的自身定位、学科领域特色及未来发展规划，以此为基础明确选题的具体目标与要求。这包括但不限于：确定选题应聚焦的学术前沿问题、热点议题或空白领域；考虑选题对提升学术期刊学术水平、扩大影响力的作用；确保选题符合学术期刊的出版宗旨和读者群体的需求。明确的目标导向可以为后续工作提供坚实的基础和方向指引。

2. 组建选题团队：多元协同，共创精彩

组建一个由编辑、作者、专家等多方参与的选题团队，是实现高质量选题策划的关键。编辑作为桥梁，负责协调各方资源，把握选题方向；作者是选题内容的直接贡献者，能够提供丰富的学术视角和研究成果；专家的参与能确保选题的科学性、前瞻性和权威性。团队成员间的紧密合作与沟通，能够碰撞出更多创新的火花，共同策划出既有深度又具广度的选题。

3. 制订选题计划：细化安排，明确责任

制订详细的选题计划，包括时间表、任务分工、资源配置等具体安排，是确保选题工作有序进行的重要保障。时间表应明确各阶段的时间节点，如选题征集、评审、调整等；任务分工需清晰界定每个团队成员的职责范围，确保各司其职，高效协作；资源配置需考虑人力、物力、财力等多方面因素，为选题工作提供充足的支持。

4.实施选题征集：广开才路，汇聚智慧

通过官网公告、邮件邀请、学术会议等多种渠道广泛征集选题，是拓宽选题来源、提升选题质量的有效途径。这不仅能够吸引更多优秀学者参与，还能促进学术交流与合作。在征集过程中，应注重宣传策略，突出学术期刊的特色与优势，激发学者的投稿热情。

5.评审与筛选：严格把关，确保质量

建立科学的评审机制，对提交的选题进行公正、客观的评审与筛选，是确保选题质量的关键。评审团队应由具有丰富学术经验和高度责任心的专家组成，他们将从学术价值、创新性、可行性等多个维度对选题进行综合评价。同时，应确保评审过程的透明度和公正性，避免任何形式的偏见和利益冲突。

6.持续优化与调整：灵活应变，追求卓越

选题工作并非一蹴而就，而是一个持续优化与调整的过程。在实施过程中，编辑部应密切关注选题进展，及时收集并分析来自作者、读者及评审专家的反馈意见。根据这些意见，适时调整选题策略与方法，优化选题结构，确保选题工作始终沿着正确的方向前进。同时，应保持对学术动态的敏感度，灵活应对新情况、新问题，不断追求卓越，提升学术期刊的学术影响力和竞争力。

(五)《草业学报》选题的思考

作为我国草业科学领域的重要学术期刊，《草业学报》自创刊以来，始终致力于推动草业科学研究的深入发展，促进学术交流与合作，为草业可持续发展提供了坚实的理论支撑和技术指导。在进行选题策划时，应紧密围绕草业科学的核心议题，结合当前国内外研究热点、行业需求以及未来发展趋势，力求选题具有前瞻性、创新性、实用性和科学性。以下是对《草业学报》选题的一些思考。

1. 生态安全与草地保护

随着全球气候变化和人类活动的增加，草地生态系统面临严重的威胁，如土壤侵蚀、生物多样性丧失、草地退化等。因此，生态安全与草地保护成为不可回避的重要议题。《草业学报》应鼓励投稿者关注草地生态系统服务功能评估、生态修复技术、外来物种入侵防控、草地碳汇功能研究等方面的选题，为构建绿色、健康、可持续的草地生态系统贡献力量。

2. 草种质资源与遗传育种

草种质资源是草业发展的基础，遗传育种是提升草地生产力和抗逆性的关键手段。选题可聚焦草种质资源的调查与收集、重要牧草品种的遗传改良、分子标记辅助选择、转基因技术在草业中的应用等方面，旨在培育出适应性强、产量高、品质优的新品种，为草地畜牧业和草产品加工业提供优质的种质资源。

3. 草地管理与利用

科学合理的草地管理与利用模式是实现草地资源可持续利用的重要途径。选题可涵盖草地轮牧制度优化、草地放牧强度与生产力关系、草地营养管理、草地病虫害防控、草地生态系统服务价值评估等方面，旨在探索符合不同区域特点的草地管理策略，提高草地资源的利用效率和经济效益。

4. 草业经济与政策研究

草业经济是农业经济的重要组成部分，对促进农村经济发展、增加农民收入具有重要意义。选题可关注草业产业结构调整、草产品市场分析与预测、草业政策效果评估、草业产业链延伸与升级等方面，为政府决策提供科学依据，推动草业经济向高质量方向发展。

5. 草业信息技术与智能化

随着信息技术的飞速发展，其在草业领域的应用日益广泛。选题可涉及草地遥感监测、草业大数据分析、智能农机装备研发、草业物联网技术应用等方面，旨在利用现代信息技术手段提升草业生产效率和管理水平，推动草业向智能化、精准化方向发展。

总之，《草业学报》的选题应紧跟时代步伐，聚焦草业科学领域的热点、难点和前沿问题，鼓励跨学科、跨领域的合作研究，为推动草业科学的发展贡献智慧和力量。同时，也应注重选题的实际应用价值，将研究成果转化为现实生产力，为我国乃至全球的草地资源保护、可持续利用和生态文明建设做出积极贡献。

二、学术期刊的策划

在当今信息爆炸的时代，学术期刊作为知识传播、学术交流的重要载体，其质量与影响力直接关系到学术研究的深度与广度，以及文化传承的活力与广度。因此，学术期刊策划作为学术期刊出版前的关键环节，显得尤为重要。

(一) 学术期刊策划的定义

学术期刊策划，是指在对目标读者群体、学科发展趋势、市场需求等因素进行深入分析的基础上，对学术期刊的办刊宗旨、内容定位、栏目设置、设计风格、发行策略等进行全面规划与部署的过程。它不仅关乎学术期刊的短期出版计划，更关系到学术期刊长远的发展战略。

(二) 学术期刊策划的内容

1. 办刊宗旨与定位

明确学术期刊的服务对象 (如学者、研究人员、普通读者等)，以及学术期刊在特定领域的角色与定位 (如引领学术前沿、促进学术交流、传承文化精髓等)。

2. 内容

(1) 选题策划。围绕学科热点、难点、争议点设计选题，确保内容的时效性、前瞻性和创新性。

(2) 栏目设置。根据内容定位，合理划分专栏、特稿、综述、评论、案例研究等，以满足不同读者的阅读需求。

(3) 稿件征集与筛选。建立科学的稿件评审机制，吸引高质量稿件，确保内容的专业性和权威性。

3. 形式

形式包括封面设计、版式布局、字体选择、图片运用等，力求美观大方，符合学术期刊定位，提升读者的阅读体验。

4.发行与推广

选择合适的发行渠道并制订有效的营销策略，利用好线上、线下资源，可以扩大学术期刊的知名度和影响力。

5.团队建设与管理

组建专业的编辑团队，明确职责分工，加强培训与交流，提升团队整体素质和工作效率。

(三)学术期刊策划的环节

1.学术期刊策划的前期准备

(1)市场调研与分析。

①目标受众定位。明确学术期刊的读者群体，包括他们的年龄、职业、兴趣爱好、阅读习惯等，这是后续所有策划工作的基础。

②竞争对手分析。研究同类学术期刊的市场表现、内容特色、优劣势等，找出差异化的市场空间。

③趋势预测。结合行业发展趋势、政策导向及读者需求变化，预测未来可能的热点话题和读者偏好。

(2)定位与宗旨确立。

①明确学术期刊定位。基于市场调研结果，确定学术期刊的核心竞争力，如专业深度、时效性、趣味性等，形成独特的市场定位。

②确立宗旨与使命。阐述学术期刊的创办目的、价值观和社会责任，为学术期刊内容策划和品牌建设提供方向指引。

2.内容策划与设计

(1)栏目设置。

①核心栏目。设置几个能够体现学术期刊特色、吸引目标读者的主打栏目。

②辅助栏目。围绕核心栏目，增设多样化的辅助栏目，以丰富内容层次，满足不同读者的阅读需求。

③灵活调整。根据读者反馈和市场变化，适时调整栏目设置，保持学术期刊的活力与吸引力。

（2）选题策划。

①紧跟热点。及时捕捉社会热点、行业趋势，策划具有时效性和话题性的选题。

②深度挖掘。对重要话题进行深度剖析，提供独到的见解和有价值的分析。

③原创优先。鼓励原创内容，提升学术期刊的权威性和独特性。

（3）稿件征集与评审。

①多渠道征集。通过公开征稿、约稿、合作等方式，广泛收集优质稿件。

②严格评审。建立科学的评审机制，确保稿件质量，尊重知识产权。

③及时反馈。对投稿者给予及时、专业的反馈，建立良好的作者关系。

3. 视觉形象与品牌塑造

（1）封面与版式设计。

①封面设计。封面是学术期刊的"脸面"，应简洁明了、富有吸引力，能够直观传达学术期刊主题和风格。

②版式设计。注重内文版面的美观性和易读性，合理布局文字、图片等元素，提升阅读体验。

③风格统一。保持封面与内文版式设计风格的统一性和连续性，强化品牌形象。

（2）品牌宣传与推广。

①多渠道宣传。利用社交媒体、行业网站、线下活动等多种渠道进行品牌宣传和推广。

②内容营销。通过高质量的内容吸引读者关注，提升品牌知名度和美誉度。

③合作与联动。与其他媒体、机构、企业等建立合作关系，开展联合推广，扩大品牌影响力。

④读者互动。建立读者社群，收集反馈意见，不断优化学术期刊内容和品牌形象。

综上所述，学术期刊策划是一个系统工程，需要从前期准备、内容策划与设计到视觉形象与品牌塑造等多个环节紧密配合、协同推进。只有不断创新、精益求精，才能打造出具有市场竞争力和品牌影响力的优秀学术期刊。

(四)《草业学报》策划的思考

在全球生态环境日益受到关注、农业可持续发展成为时代主题的今天，《草业学报》作为国内乃至国际草业科学领域的重要学术期刊，其策划工作不仅承载着推动学科发展的重任，更肩负着引领行业创新、促进学术交流与合作的使命。以下是对《草业学报》策划的几点思考。

1. 明确定位，聚焦前沿

首先，《草业学报》应进一步明确其学术定位，紧密围绕草业科学的核心议题，包括但不限于草地生态学、牧草育种与栽培、草地管理与利用、草地生态系统服务功能、草业经济与政策等。同时，应密切关注国际草业科学研究的最新动态，积极策划并发表代表学科前沿的原创性研究论文、综述文章及专题报道，确保学术期刊内容的前沿性、权威性和引领性。

2. 强化特色，打造品牌

在激烈的学术期刊竞争中，特色是《草业学报》脱颖而出的关键。应深入挖掘并强化学术期刊在某一或某几个研究方向上的独特优势，如特色草种研究、草地生态系统碳循环与气候变化响应、草地退化与恢复机制等，形成鲜明的品牌特色。通过策划专题栏目、组织高水平学术研讨会、邀请领域内的顶尖专家撰写特约稿件等方式，不断提升学术期刊的学术影响力和知名度。

3. 优化审稿流程，提升审稿质量

审稿质量是学术期刊的生命线。《草业学报》应持续优化审稿流程，采用更加高效、透明的同行评审机制，确保每篇稿件都能得到公正、专业的评价。同时，加强审稿人队伍建设，吸引并培养一批具有高度责任心和专业水平的审稿专家，提高审稿效率和质量。此外，可探索实施快速通道制度，对高质量的创新性研究成果优先处理，缩短发表周期，吸引更多优秀稿件投稿。

4. 促进国际交流，拓宽视野

在全球化背景下，加强国际交流与合作是提升学术期刊国际影响力的重要途径。《草业学报》应积极寻求与国际知名学术期刊的合作机会，共同举办学术会议、开展联合研究项目等，促进国内外学者之间的学术交流与合作。同时，鼓励并支持中国学者参与国际学术活动，提升我国草业科学在国际舞台上的话语权和影响力。此外，通过增加英文摘要、出版英文专刊等方式，提升学术期刊的国际可读性，吸引更多国际学者关注和投稿。

5. 关注应用实践，促进产学研融合

草业科学是一门应用性极强的学科，其研究成果对于推动我国农业绿色发展、生态文明建设具有重要意义。《草业学报》在策划过程中应充分关注草业科技的应用实践，积极报道和推广那些具有创新性和实用价值的科研成果。同时，加强与产业界的联系与合作，促进产学研深度融合，推动科研成果的转化应用，为我国草业产业的转型升级和可持续发展贡献力量。

总之，《草业学报》的策划工作应立足学科前沿、强化品牌特色、优化审稿流程、促进国际交流、关注应用实践，以高度的责任感和使命感推动我国乃至全球草业科学的繁荣发展。

第二节　学术期刊的审稿与定稿决策

一、学术期刊的审稿

在学术研究的浩瀚海洋中，学术期刊作为知识传播与学术成果展示的重要平台，其审稿机制是保证论文质量、维护学术诚信、促进学术交流的关键。

（一）学术期刊审稿的定义

学术期刊审稿是指学术期刊编辑部接收投稿后，组织同行专家对稿件进行专业评估的过程。这一过程通常包括初审（形式审查）、外审（同行评审）和终审（主编或编委会决策）三个阶段。初审主要检查稿件是否符合学术期刊的收稿范围、格式要求及基本学术规范；外审由至少两位该领域内的专家对稿件的创新性、科学性、实用性和写作质量等方面进行深入评价；终审基于外审意见及编辑部的综合考量，做出是否录用、修改后录用或退稿的决定。

（二）优化学术期刊审稿策略

在当今快速发展的学术领域，学术期刊作为科研成果传播与交流的重要平台，其审稿质量直接关系到学术生态的健康发展与知识创新的效率。因此，制订并持续优化学术期刊审稿策略，对于确保论文质量、缩短出版周期、增强学术期刊影响力具有重要意义。下面将从明确审稿目标、优化审稿流程、强化审稿团队建设、利用技术辅助及加强沟通反馈等几个方面探讨学术期刊审稿策略的优化路径。

1. 明确审稿目标，定位学术期刊特色

首先，学术期刊应明确自身的学术定位与特色，这是制订审稿策略的基础。根据学术期刊的学科领域、研究方向、读者群体及影响力目标，设定清晰的稿件接收标准与审稿目标。例如，是追求高影响力的原创性研究，还是注重实践应用的案例分析。明确这些目标有助于筛选符合学术期刊特色的稿件，为后续审稿工作提供方向。

2. 优化审稿流程，提升效率与透明度

（1）简化流程。简化流程的关键在于减少不必要的环节，提高审稿效率。具体来说，可以合并初审与专家评审的部分步骤，这样可以避免重复劳动，同时也可以减少人工错误。此外，采用在线审稿系统，通过数字化手段加速稿件流转，减少人为因素导致的延误。简化流程不仅可以提高效率，还可以增强流程的透明度，让作者和读者更好地理解审稿过程。

（2）双盲审稿。双盲审稿是一种匿名审稿方式，即作者和审稿人双方匿名。实行这种制度可以减少由于个人信息带来的偏见，提高审稿公正性。在双盲审稿过程中，需要建立完善的匿名审稿机制，确保每个审稿人都不知道稿件作者是谁，同时作者也不知道审稿人是谁。这种制度有助于消除潜在的偏见，使审稿人能够更客观地评价稿件质量。

（3）限时审稿。为审稿人设定合理的审稿期限，并通过系统提醒或邮件催稿，是提升审稿效率的有效方法。这样可以避免审稿人因各种原因导致的审稿拖延，确保审稿进度。同时，还可以利用在线系统提供的统计数据，实时了解各审稿人的审稿进度，以便及时催促。限时审稿不仅可以提高审稿效率，还可以增强学术诚信，因为逾期未答复可能会被视为无法履行审稿职责。

（4）多级审稿。根据稿件质量和重要性，灵活设置初审、复审乃至终审环节，可以确保审稿的全面性和深度。每一级审稿都应该有一定的时间间隔，以确保每一步审稿都能得到充分关注。初审主要是对稿件的基本格式和内容的检查，复审是对深度和专业性内容的审查，而终审可能涉及对出版决策的讨论。

3.强化审稿团队建设，提升专业水平

（1）精选学术期刊审稿人。精选优秀的学术期刊审稿人是提高审稿质量的关键。为此，需要建立广泛的审稿人数据库，其中涵盖不同学术背景、研究专长的专家，确保审稿的专业性和多样性。

①邀请学术界知名专家：邀请学术界知名专家加入审稿团队，提高审稿的专业性和权威性。

②广泛邀请领域内专家：在各个领域内广泛邀请专家加入审稿团队，确保审稿的专业性和多样性。

③定期更新审稿人数据库：定期更新审稿人数据库，吸纳新的优秀审稿力量，淘汰长期不履职或评审质量不佳的审稿人。

（2）培训与激励。定期对学术期刊审稿人进行培训，提升其审稿能力和效率；同时，通过表彰优秀审稿人、提供荣誉证书或出版机会等方式，激发审稿积极性。

①定期组织培训：定期组织针对审稿人的培训，包括学术规范、论文评审技巧、学术期刊编辑流程等方面的培训，提升其专业素养和审稿能力。

②建立激励机制：通过表彰优秀审稿人、提供荣誉证书以及出版机会等方式，激发其参与审稿的积极性。同时，可以设立奖金或补贴等物质奖励，提高其参与审稿的主动性。

③建立反馈机制：定期收集审稿人的反馈意见，了解其需求和困难，及时调整培训内容和方式，增强培训效果。

（3）动态管理。根据审稿人的表现进行动态调整，淘汰长期不履职或评审质量不佳的审稿人，吸纳新的优秀审稿力量。

①建立评审质量评估体系：对学术期刊审稿人的评审质量进行评估，定期公布评估结果，对评审质量不佳的审稿人进行提醒或警告。

②定期调整审稿人队伍：根据评审质量评估结果和学术期刊需求，定期调整审稿人队伍。

③加强与作者、读者的沟通：加强与作者、读者的沟通，了解学术期刊需求和读者反馈，及时调整审稿人队伍和评审标准，提高学术期刊的学术质量和影响力。

4. 利用技术辅助，提高审稿智能化水平

（1）在线审稿系统。在线审稿系统是提高学术期刊审稿智能化水平的关键。采用先进的在线审稿平台，可以实现稿件提交、分配、审稿、修改、出版等全流程数字化管理。这一系统能够大大提高审稿效率，减少人为错误，并使学术期刊编辑部能够更好地跟踪和管理审稿过程。

具体来说，在线审稿系统可以提供以下功能：

①稿件提交。作者可以通过在线平台轻松提交稿件，并获取稿件状态反馈。

②稿件分配。系统可以根据稿件类型、主题、难度等因素，将稿件智能分配给合适的审稿人。

③审稿过程管理。系统能够记录审稿人的审稿进度、修改意见等信息，方便学术期刊编辑部跟进审稿情况。

④自动提醒。系统能够根据设定的审稿周期和截止日期，自动提醒审稿人按时完成审稿。

⑤出版流程管理。在线审稿系统还能与出版系统无缝对接，实现稿件的快速出版。

（2）智能推荐系统。智能推荐系统能够利用 AI 算法分析稿件内容与审稿人专长，智能匹配最合适的审稿人，提升审稿的针对性和专业性。具有以下功能。

①稿件分析。系统会分析稿件的主题、内容、难易程度等信息，以便为审稿人推荐合适的稿件。

②审稿人专长库。系统会收集并整理各审稿人的专业领域、研究方向等信息，形成专长库。

③智能匹配。系统会根据稿件内容和审稿人专长，为学术期刊编辑部提供最佳的审稿人匹配方案。

④反馈优化。根据实际审稿效果，系统会不断优化匹配算法，提高匹配准确率。

通过智能推荐系统，学术期刊编辑部可以更好地发挥每位审稿人的专长，提高审稿的专业性和准确性。

（3）数据分析与监控系统。数据分析与监控系统是提高学术期刊审稿智能化水平的重要手段。通过数据分析工具，学术期刊编辑部可以监控审稿流程中的各项指标，如审稿周期、审稿人活跃度、稿件接收率等，为策略调整提供依据。

具体来说，数据分析与监控系统可以提供以下支持：

①实时数据监测。数据分析与监控系统可以实时监测审稿流程中的各项数据，如审稿周期、回复率等，帮助学术期刊编辑部及时发现问题并采取相应措施。

②数据分析报告。数据分析与监控系统可以对监测到的数据进行深度分析，生成各类数据分析报告，为学术期刊编辑部提供决策依据。

③策略调整建议。根据数据分析结果，系统可以为学术期刊编辑部提供优化审稿流程、提高审稿效率等方面的建议。

④监控预警机制。数据分析与监控系统可以设置预警阈值，当关键指标超过预设阈值时，系统会自动发出预警通知，提醒学术期刊编辑部及时采取措施。

5. 加强沟通反馈，促进学术交流

（1）及时反馈。在审稿过程中，及时向作者反馈审稿意见，明确修改方向，缩短修改周期。

（2）建立沟通渠道。为作者与审稿人提供便捷的沟通渠道，鼓励双方就学术问题进行深入探讨，促进学术交流与合作。

（3）透明化决策。对于稿件处理结果，尤其是拒稿或退修决定，应提供详细的解释和依据，增强决策透明度，维护作者权益。

（三）《草业学报》审稿的思考

作为我国草业科学领域的重要学术期刊，《草业学报》自创刊以来，一直致力于推动草业科学的基础研究、技术创新与应用实践，为国内外学者提供了一个高质量的学术交流平台。围绕《草业学报》的审稿过程，进行一番深入的思考，不仅有助于理解学术期刊审稿的严谨性与重要性，也能为提升审稿效率与质量、促进学科发展提供一些启示。

1.审稿制度的重要性

审稿是学术期刊质量控制的核心环节，它确保了发表成果的学术性、创新性和可靠性。《草业学报》通过严格的同行评审制度，邀请领域内具有深厚学术造诣和丰富研究经验的专家作为审稿人，对投稿论文进行客观、公正的评价。这一过程不仅筛选出了高质量的科研成果，还促进了学术思想的碰撞与交流，为草业科学的发展注入了新的活力。

2.审稿流程的优化

（1）提升审稿效率。在保证审稿质量的前提下，优化审稿流程是提高学术期刊影响力的关键。可以通过引入在线审稿系统，实现稿件提交、分配、评审、反馈等环节的电子化、自动化，减少人工操作的烦琐，缩短审稿周期。同时，建立快速审稿通道，对具有重大创新或紧急性的研究成果给予优先处理。

（2）强化审稿人队伍建设。审稿人的专业水平和责任心直接影响审稿质量。因此，应不断加强审稿人队伍建设，通过定期培训、更新知识库等方式提升审稿人的专业素养。同时，建立合理的激励机制，如颁发审稿证书、优先发表审稿人自己的研究成果等，以激发审稿人的积极性和责任感。

（3）完善审稿标准与规范。明确审稿标准和规范是确保审稿公正性的基础。《草业学报》应进一步完善审稿指南，明确审稿要求、评价标准及流程，减少审稿过程中的主观性和随意性。同时，鼓励审稿人提出建设性意见，帮助作者改进论文质量。

3.审稿过程中的挑战与对策

（1）学科交叉性带来的挑战。草业科学涉及生态学、农学、畜牧学等多个学科领域，审稿过程中常遇到跨学科的问题。对此，应鼓励审稿人拓宽知识面，加强跨学科交流与合作，必要时可邀请多领域专家共同参与审稿。

（2）学术不端行为的防范。随着科研竞争的加剧，学术不端行为时有发生。审稿过程中应加强对论文原创性、数据真实性的核查，利用现代技术手段如查重软件辅助检测。一旦发现学术不端行为，应严肃处理，维护学术诚信。

（3）审稿意见的整合与反馈。审稿人之间可能存在意见分歧，如何整合这些意见并给出合理的反馈是审稿过程中的难点。编辑部应发挥协调作用，组织审稿人进行充分讨论，达成共识。同时，向作者提供详细、具体的修改建议，帮助作者完善论文。

《草业学报》作为草业科学领域的重要学术期刊，其审稿工作的质量直接关系到学科的发展与进步。通过不断优化审稿流程、加强审稿人队伍建设、完善审稿标准与规范以及积极应对审稿过程中的挑战，可以进一步提升《草业学报》的学术影响力和国际地位，为推动我国乃至全球草业科学的发展做出更大贡献。

二、学术期刊的定稿决策

在学术研究与出版的广阔领域中，学术期刊定稿决策是一个至关重要的环节，它不仅关乎科研成果的认可与传播，也直接影响学术界的整体进步与发展。下面旨在探讨学术期刊定稿决策的定义、关键策略及其在实践中的应用，以期为科研工作者和学术期刊编辑提供有价值的参考。

（一）学术期刊定稿决策的定义

学术期刊定稿决策，是指在学术论文经过初步筛选、同行评审、作者修订等一系列流程后，学术期刊编辑团队或主编根据论文的质量、创新性、与学术期刊主题的契合度、学术规范遵守情况等因素，最终决定是否接受该论文在学术期刊上发表的过程。这一过程体现了学术期刊对学术成果的严格把关和精心挑选，是维护学术期刊学术声誉和影响力的重要手段。

（二）学术期刊定稿决策的策略

（1）明确学术期刊定位与读者群体。学术期刊应清晰界定其学术领域、研究方向及目标读者群体。这有助于编辑团队在审阅稿件时迅速判断论文是否符合学术期刊的整体定位和读者需求，从而提高定稿决策的科学性和准确性。

（2）建立严谨的同行评审机制。同行评审是学术期刊定稿决策中的核心环节。通过建立公正、透明、高效的评审体系，邀请领域内专家对稿件进行匿名评审，可以确保论文质量得到全面、客观的评价。学术期刊应重视评审专家的选择与培训，确保评审过程的公正性和专业性。

（3）注重论文的创新性与价值。在定稿决策中，论文的创新性和学术价值是首要考虑因素。编辑团队应关注论文是否提出了新的理论、方法或观点，是否解决了领域内的重要问题，以及其对学科发展的潜在贡献。同时，也要考虑论文的实用性和应用前景。

（4）强化学术规范与伦理审查。学术期刊应严格遵守学术诚信原则，对论文进行严格的学术规范和伦理审查。这包括但不限于查重检测、引用规范检查、数据真实性验证等，以确保论文的原创性和学术诚信。

（5）促进作者与编辑的沟通。在定稿决策过程中，保持作者与编辑之间的良好沟通至关重要。这有助于及时解决稿件中的问题，提高修改效率，同时也有助于增强作者对学术期刊的信任感和归属感。学术期刊可以建立有效的反馈机制，及时向作者通报评审意见和定稿决策结果。

（6）考虑学术期刊的可持续发展。在定稿决策时，学术期刊还需考虑自身的可持续发展。这包括维护学术期刊的学术声誉、扩大读者群体、提升影响力等方面。因此，学术期刊在选择稿件时，既要关注论文的学术价值，也要考虑其对学术期刊整体发展的贡献。

学术期刊定稿决策是一个复杂而细致的过程，它涉及多个方面的考虑和权衡。通过明确学术期刊定位、建立严谨的评审机制、注重论文的创新性与价值、强化学术规范与伦理审查、促进作者与编辑的沟通以及考虑学术期刊的可持续发展等策略，学术期刊可以更加科学、公正地进行定稿决策，从而推动学术研究的不断进步和发展。同时，这也为科研工作者提供了一个展示自己研究成果、交流学术思想的重要平台。

（三）《草业学报》定稿决策的思考

《草业学报》作为专注于草业科学领域的权威学术期刊，是连接学者与业界、促进知识交流与创新的桥梁。其定稿决策过程，不仅是对稿件质量的一次严格筛选，更是对草业科学发展方向与趋势的深刻洞察与引导。下面旨在探讨《草业学报》定稿决策背后的思考逻辑、面临的挑战以及未来的发展方向。

1. 定稿决策的重要性

定稿决策是学术期刊编辑工作的核心环节，它直接关系到学术期刊的学术声誉、影响力和可持续发展。对于《草业学报》而言，每一篇被录用的文章都需经过严格的同行评审、专家论证和编辑部综合考量，以确保其科学性、创新性和实用性。这一过程是对草业科学领域知识增量和学术进步的贡献。

2. 定稿决策的思考逻辑

（1）学术价值评估。编辑部会基于稿件的研究内容、方法、数据分析及结论的可靠性，评估其学术价值。这是衡量稿件能否被录用的基础标准，要求稿件必须能够推动草业科学领域的理论创新或实践应用。

（2）创新性与前沿性。在学术价值评估的基础上，编辑部会特别关注稿件的创新性和前沿性。鼓励探索未知领域、提出新理论、新方法或新技术的稿件，以促进草业科学的快速发展。

（3）社会与经济效益。考虑到草业科学的应用性，编辑部还会评估稿件对社会经济发展的潜在贡献。如草原生态保护、草业资源可持续利用、草食畜牧业发展等方面的研究成果，更易于获得青睐。

（4）伦理与规范。在定稿决策过程中，编辑部严格遵守学术伦理和出版规范，对存在抄袭、数据造假等学术不端行为的稿件坚决不予录用，维护学术诚信和学术期刊声誉。

3. 面临的挑战

（1）稿件质量与数量的平衡。随着草业科学研究的不断深入和扩展，投稿量急剧增加，如何在保证稿件质量的同时，提高审稿效率和录用率，是编辑部面临的一大挑战。

（2）学科交叉与融合。草业科学作为一门交叉学科，与生态学、农学、环境科学等多个领域紧密相连。如何更好地处理跨学科稿件，促进学科间的交流与融合，是编辑部需要思考的问题。

（3）国际化与本土化并重。在全球化的背景下，《草业学报》既要追求国际化发展，提升国际影响力，又要立足本土实际，服务国家和地方发展需求。如何在两者之间找到平衡点，是编辑部面临的另一大挑战。

4. 未来展望

（1）优化审稿流程。利用现代信息技术手段，如人工智能辅助审稿、在线审稿系统等，提高审稿效率和准确性，缩短发表周期。

（2）加强国际合作与交流。积极与国际知名学术期刊和学术机构建立合作关系，举办或参与国际学术会议，推动草业科学领域的国际交流与合作。

（3）注重青年学者培养。设立青年学者专栏或奖励机制，鼓励和支持青年学者发表高质量研究成果，为草业科学的长远发展储备人才。

（4）推动成果转化与应用。加强与业界的联系与合作，推动科研成果向实际应用转化，解决草业生产中的实际问题，提升行业整体水平。

总之，《草业学报》的定稿决策是一个复杂而细致的过程，它需要编辑部具备敏锐的学术洞察力、严谨的治学态度和开放的合作精神。只有这样，才能确保学术期刊始终站在草业科学发展的前沿，为推动学科进步和社会发展贡献力量。

第三节　学术期刊的编辑加工与校对

一、学术期刊的编辑加工

学术期刊的质量与影响力直接关系学术研究的深度与广度。而学术期刊的编辑加工作为这一过程中的关键环节，对于提升论文质量、确保学术规范、促进知识创新具有不可估量的价值。

（一）学术期刊编辑加工的定义

学术期刊编辑加工，是指在论文被初步接收后，由学术期刊编辑部或专业编辑人员对稿件进行的一系列系统化、专业化的处理过程。这一过程涵盖了从语言润色、格式调整到内容审校、学术规范核查等多个方面，旨在通过精细化的编辑工作，提升稿件的可读性、准确性和学术价值，最终使其符合学术期刊的出版标准与读者的阅读需求。

（二）学术期刊编辑加工的任务

（1）语言与格式规范化。编辑需对稿件进行润色，确保语法正确、用词准确、逻辑清晰。同时，根据学术期刊的投稿指南，调整论文的格式，包括标题、摘要、关键词、正文结构、参考文献等，使其统一规范，便于读者阅读和理解。

（2）内容审校与提升。深入阅读稿件内容，评估其学术价值、创新性及研究方法的合理性。对于表述不清、逻辑不严密或存在明显错误的部分，提出修改建议或直接进行修改，以增强论文的学术严谨性和可读性。

（3）学术规范检查。严格遵守学术诚信原则，检查稿件是否存在抄袭、一稿多投等学术不端行为。同时，确保引用的文献资料准确无误，遵循正确的引用规范，维护学术研究的纯洁性。

（4）与作者沟通反馈。编辑需与作者保持密切沟通，及时反馈编辑加工过程中发现的问题及修改建议。通过有效沟通，促进双方对论文内容的深入理解与共识，共同提升稿件质量。

（5）技术处理与排版。利用专业的排版软件和工具，对经过编辑加工的稿件进行最终排版，确保图表、公式、引用等元素的正确呈现。同时，对稿件进行校对，消除排版错误，提升出版物的整体视觉效果。

（三）学术期刊编辑加工的优化策略

学术期刊作为科研成果交流与传播的重要平台，其质量与效率直接关系到科研成果的转化速度和社会影响力。学术期刊编辑加工作为出版流程中的关键环节，不仅影响文章的科学性、规范性和可读性，还直接关系到学术期刊的整体形象和学术声誉。因此，优化编辑加工策略，成为提升学术期刊品质、加快出版速度的重要途径。以下是一些关键的优化策略。

1.强化编辑团队建设与培训

（1）专业化分工。

①根据学科领域建立专业化的编辑团队。根据学科领域建立专业化的编辑团队，确保每位编辑都能在其擅长领域发挥最大效能。这不仅可以提高编辑的工作效率，还能确保稿件得到专业的审稿和编辑。

②明确分工与职责。明确每个编辑的职责，避免重复工作和职责交叉，提高工作效率。同时，建立定期沟通机制，共同讨论稿件处理过程中的问题，分享经验，提高整体工作水平。

（2）持续培训。

①学术交流。定期组织编辑参加学术交流活动，了解学术前沿动态和最新研究成果，提高编辑的学术素养和审稿能力。

②编辑技能培训。提供专门的编辑技能培训，包括如何处理不同类型的稿件、如何编辑稿件、如何提高稿件质量和审稿效率等。

③最新学术动态研讨会。邀请专家对最新的学术动态进行解读和分享，帮助编辑了解学科发展趋势，提高对学术前沿的敏感度和把握能力。

（3）团队协作。

①加强编辑之间的沟通与协作。建立有效的沟通机制，定期召开团队会议，共同商讨稿件处理过程中出现的问题，分享稿件处理的经验，提高整体的审稿工作水平。

②形成高效的工作流程。优化工作流程，建立快速响应机制，确保稿件能够及时得到处理和反馈。同时，建立审稿专家库，根据稿件类型和学科领域选择合适的审稿人，提高审稿的效率和质量。

③团队文化。培养良好的团队文化，鼓励编辑之间的互相支持和协作，形成高效、协作的团队氛围。通过团队建设活动，增强团队的凝聚力和向心力。

2. 引入智能化编辑工具

随着科技的进步，智能化编辑工具正在逐渐改变学术期刊编辑加工的方式。这些工具利用自然语言处理（NLP）技术、结构化编辑软件以及大数据分析技术，为期刊编辑提供了更加高效、准确和智能化的服务。

（1）自动化检查系统。自动化检查系统利用了 NLP 技术，开发或引入智能校对系统，自动检查文章中的语法错误、拼写错误、引用格式问题等。这一系统能够识别文章中的常见错误，并提供修正建议，极大地减轻了编辑的负担。同时，它还能提供个性化的建议，针对作者的特定语言习惯进行修正，使其更具人性化。

（2）结构化编辑软件。结构化编辑软件采用结构化编辑工具，使文章内容更加清晰、规范，便于后期排版和索引生成。这种软件能够将文章内容分解成不同的元素，如标题、段落、表格、图片等，并对这些元素进行分类和标注。这样，编辑在处理文章时，可以更加高效地组织和修改内容，同时也能保证文章结构的清晰和规范。

（3）数据分析辅助。编辑可利用大数据分析技术，分析读者偏好、文章影响力等，为编辑决策提供数据支持。期刊编辑可以利用这些数据，更好地理解读者的需求和喜好，以便于制订更有针对性的出版策略。同时，这些数据也能帮助编辑判断文章的受欢迎程度和影响力，为今后的出版工作提供参考。

智能化编辑工具的出现，极大地提高了学术期刊编辑的工作效率和质量。通过自动化检查系统，编辑能够更快地发现并纠正错误；通过结构化编辑软件，编辑能够更方便地组织和修改文章；通过数据分析辅助，编辑能够更好地了解读者需求和判断文章影响力。这些工具的引入，将为学术期刊的发展注入新的活力，使其在激烈的出版市场竞争中更具优势。

3. 加强与作者、读者的互动

（1）作者服务优化。提供详尽的投稿指南，设立在线支持系统，解答作者疑问，提高投稿质量。同时，及时反馈审稿意见和修改建议，帮助作者完善稿件。

（2）读者需求调研。定期开展读者调研，深入了解读者的需求，调整栏目设置和选题方向，增强学术期刊的针对性和吸引力。

（3）社交媒体推广。利用社交媒体平台，加强学术期刊的宣传推广，扩大读者群体，提高学术期刊知名度。

(四)《草业学报》编辑加工的思考

《草业学报》是广大草业科学科研工作者交流思想、分享经验的重要平台。编辑加工作为学术期刊出版流程中的关键环节，对于提升论文质量、增强学术影响力具有不可忽视的作用。以下是对《草业学报》编辑加工工作的几点思考。

1. 明确编辑定位，坚守学术质量

《草业学报》作为行业内的权威学术期刊，首先应明确自身的学术定位，即聚焦于草业科学的基础研究、应用技术、生态管理、资源开发与利用等前沿领域。编辑在编辑加工过程中应严格遵循学术规范，坚持质量第一的原则，对每一篇稿件进行细致入微的审核与加工，确保发表内容的科学性、创新性和实用性。同时，鼓励跨学科研究，促进草业科学与其他学科的融合交流。

2. 注重语言表达，提升文章可读性

学术论文的语言表达直接影响读者的阅读体验和理解深度。编辑在加工过程中，应注重对论文语言的润色和修正，确保语句通顺、逻辑清晰、用词准确。特别是对于非母语作者提交的稿件，编辑应更加细致地检查语法错误、拼写错误以及表达习惯上的差异，帮助作者更好地适应国际学术交流的规范。同时，优化文章结构，使内容层次分明，便于读者快速把握论文的核心要点。

3. 强化规范意识，统一格式标准

学术论文的格式规范是学术严谨性的重要体现。《草业学报》应制订并不断完善该期刊的投稿指南和排版规范，包括论文标题、摘要、关键词、正文、图表、参考文献等各方面的具体要求。编辑在加工过程中需严格按照这些规范进行操作，确保每篇论文在形式上达到统一标准，提升学术期刊的整体美观度和专业度。

4. 强化编辑能力，注重细节处理

编辑加工不仅是对文字、格式的修改，更是对学术思想的提炼与升华。因此，《草业学报》的编辑人员需不断提升自身的专业素养和编辑能力，包括深厚的草业科学知识、敏锐的学术洞察力、扎实的文字功底以及良好的沟通协调能力。编辑在编辑加工过程中要注重对论文逻辑结构、语言表达、图表规范等方面的精细处理，确保论文内容清晰、准确、易于理解。同时，关注学术诚信问题，严厉打击抄袭、伪造数据等学术不端行为。

5. 促进学术交流，增强互动性

编辑加工不仅是文字上的修改和完善，更是促进作者与读者之间、不同研究领域之间交流互动的桥梁。编辑可以通过设立"编者按""读者来信"等栏目，就热点问题进行讨论，引导学术争鸣；同时，也可以利用社交媒体、在线会议等现代通信手段，拓宽学术交流渠道，增强学术期刊的影响力和吸引力。

6. 利用技术手段辅助编辑

在当今信息化与数字化高速发展的时代背景下，学术期刊的编辑加工流程正经历着前所未有的变革。《草业学报》作为草业科学领域的权威学术期刊，应始终站在学科发展的前沿，积极探索并实践利用技术手段辅助编辑工作的新模式，其中，NLP 与机器学习等人工智能技术的应用尤为引人注目。这些技术不仅可以极大地提升编辑工作的效率与准确性，还能进一步优化作者投稿体验，推动学术期刊向更加智能化、高效化的方向发展。

(1) 自然语言处理在编辑加工中的应用。

①语言检测与润色。自然语言处理技术能够自动分析文稿的语言风格、语法错误及语义连贯性，为编辑提供精准的修改建议。在《草业学报》的编辑加工过程中，这一技术可有效减轻编辑在语言检测方面的负担，特别是对非母语作者提交的稿件，通过自动化的语言质量检测，可以快速识别并指出潜在的语法问题、用词不当等，帮助作者提升稿件的语言质量，确保学术表达的准确性和专业性。

②引用格式标准化。引用格式的规范统一是学术期刊编辑工作中的重要环节。利用 NLP 技术，可以自动识别并校正文稿中的引用格式，包括作者、年份、学术期刊名、卷号、页码等信息，确保所有引用均符合学术期刊的规范要求。这不仅可以节省编辑手动核对的时间，也可避免因引用格式错误而导致的审稿延误或退稿风险。

(2) 机器学习优化编辑流程。

①智能分类与筛选。机器学习算法能够基于历史数据和规则库，对投稿进行初步的分类与筛选，快速识别出符合学术期刊主题范围的高质量稿件。这种智能化的预处理方式，有助于编辑团队更有效地分配资源，优先处理重要或紧急的稿件，同时也能为作者提供更加及时和准确的反馈。

②预测审稿人推荐。结合审稿人的专业背景、研究兴趣及过往审稿记录，机器学习模型能够智能推荐合适的审稿人，提高审稿匹配度，缩短审稿周期。这种基于数据分析的审稿人推荐系统，不仅可以减少编辑在选择审稿人时的主观性和不确定性，还可以确保审稿过程的公正性和高效性。

(3) 优化在线投稿系统。

①用户友好界面设计。为了提升作者的投稿体验，《草业学报》应持续

优化其在线投稿系统，采用直观易用的界面设计，简化投稿流程。系统应支持多种文件格式的上传，包括文档、图片、数据集等，并自动进行初步的文件格式检查，确保提交的稿件符合学术期刊要求。

②实时状态跟踪与反馈。通过在线投稿系统，作者可以实时查看稿件的审稿进度、审稿意见及编辑决策，这种透明的沟通机制增强了作者与学术期刊之间的互动，可以提高审稿流程的透明度和可预测性。同时，系统还可提供便捷的在线沟通功能，方便作者与编辑、审稿人之间进行即时的信息交流与反馈。

二、学术期刊的校对

学术期刊内容的准确性、完整性和规范性至关重要。作为出版流程中的关键环节，学术期刊校对承担着确保稿件质量、维护学术严谨性的重任。

(一) 学术期刊校对的定义

学术期刊校对，是指对学术期刊稿件在排版、编辑加工之后进行的一次全面、细致的核查与修正过程。它不仅是对文字错误的纠正，更涉及对内容逻辑、格式规范、引用标注、图表数据等多方面的审核与调整。校对的目的是消除一切可能影响读者阅读理解和学术评价的错误与瑕疵，确保最终出版的学术期刊达到高度的专业性和学术性标准。

(二) 学术期刊校对的任务

(1) 文字校对。检查并修正稿件中的错别字、语法错误、标点符号不当等语言文字问题，确保文字表达的准确性和流畅性。

(2) 内容校对。审核稿件内容的逻辑性、连贯性和完整性，确保各章节、段落之间衔接自然，无遗漏或重复内容。同时，对专业术语、数据引用等进行核实，确保内容准确无误。

(3) 格式规范校对。依据学术期刊的出版要求和学术规范，检查稿件的格式是否统一、规范，包括标题层次、字体字号、段落间距、参考文献格式等，确保整体排版的美观与专业性。

(4) 图表数据校对。对稿件中的图表、公式、数据等进行仔细核对，确保其准确无误且与正文内容相符，避免因图表错误导致的理解偏差或误导。

（5）版权与伦理审查。确认稿件内容无侵犯他人版权、违反学术伦理道德等问题，保障学术期刊的合法性和学术诚信。

（三）优化学术期刊校对的策略

学术期刊校对是确保研究成果准确无误地传达给读者的关键环节。随着信息量的爆炸式增长和出版周期的缩短，如何高效且精准地进行学术期刊校对，成为提升学术期刊质量与竞争力的重要议题。下面将从技术革新、流程优化、团队建设及质量监控四个方面探讨优化学术期刊校对的策略。

1. 技术革新：引入智能化校对工具

（1）NLP 技术。利用 NLP 技术可以自动检测文本中的语法错误、拼写错误、标点符号不当等问题。智能校对软件还能识别语境，减少误判，提高校对效率和准确性。

（2）机器学习算法。通过训练机器学习模型，使其能够学习并识别特定领域的专业术语、常见错误模式等，进一步增强对学术论文的校对能力。特别是在医学、法律等高度专业化的领域，这一技术尤为重要。

（3）数字化平台整合。构建或整合现有的数字化平台，实现稿件提交、初审、复审、编辑加工、校对、排版、发布等流程的全链条管理，提高信息流转效率和可追溯性。

2. 流程优化：建立标准化与灵活性并重的校对流程

（1）明确校对标准。制订详尽的校对标准和指南，包括语言规范、格式要求、引用格式等，确保每位校对人员都能按照统一标准操作。

（2）分阶段校对。将校对过程细分为初校、复校、终校等多个阶段，每阶段由不同人员或团队负责，形成相互校验的机制，减少遗漏和错误。

（3）灵活调整校对周期。根据稿件的重要性、紧急程度及复杂性，灵活调整校对周期，确保既不过度延长出版时间，也不因赶工而牺牲质量。

3. 团队建设：构建专业高效的校对团队

（1）专业培训。专业培训是提升校对人员专业技能和工作效率的关键。定期对校对人员进行专业技能和最新校对工具使用的培训，可以帮助他们更好地理解和掌握校对技巧。此外，培训还可以帮助他们了解最新的学术动态和学术期刊规范，确保学术论文的准确性和规范性。

在培训过程中，可以邀请经验丰富的校对专家进行授课，分享他们的经验和技巧。同时，可以组织案例分析、实践操作等互动环节，使校对人员更好地理解和掌握相关技能。此外，定期组织模拟训练和实战演练，可以帮助校对人员在实际工作中更好地应用所学知识，提高他们的应变能力和处理复杂问题的能力。

（2）多元化背景。组建包含不同学科背景的校对团队，有助于更好地理解和校对跨学科的学术论文，减少因专业知识不足导致的误判。不同学科背景的校对人员可以带来不同的视角和思考方式，有助于提高校对工作的全面性和准确性。

为了组建多元化背景的校对团队，可采取以下措施：首先，在招聘过程中注重候选人的学科背景和学术素养；其次，定期组织内部交流和学术研讨会，促进不同学科背景的校对人员之间的交流和合作；最后，鼓励校对人员自主学习和提升自己的学科知识水平和素养，以适应学术发展的需要。

（3）激励机制。建立有效的激励机制，如设立优秀校对奖、提供职业发展机会等，可以激发校对人员的积极性和创造力。激励机制可以包括物质奖励和精神奖励两个方面。物质奖励可以包括奖金、晋升机会等；精神奖励可以包括表彰、荣誉称号等。这些奖励可以激发校对人员的工作热情和积极性，提高他们的职业满意度和忠诚度。

此外，提供职业发展机会也是激励机制的重要组成部分。可以为校对人员提供培训和进修的机会，帮助他们不断提升自己的专业素养和工作能力；可以为校对人员提供跨学科的合作机会，帮助他们了解不同学科的研究动态和规范；可以为校对人员提供参与学术交流和研讨的机会，拓宽他们的学术视野和思路。

4. 质量监控：建立全面的质量监控体系

（1）设立校对质量检查点。在校对流程的各个环节设立质量检查点，是提高校对质量的必要手段。通过定期抽查或全面复查，确保每个环节都达到质量标准。在设立质量检查点时，需要考虑以下几个方面：

①校对前的检查：在稿件提交给校对员之前，编辑部应进行初步的文稿审查，确保稿件内容符合学术期刊风格和要求。

②初校阶段：校对员应对稿件进行全面校对，确保语法、拼写、标点等基本错误得到纠正。

③复校阶段：在初校完成后，编辑部应再次进行复核，检查是否有遗漏或错误之处。

④终审阶段：终审阶段的校对工作尤为重要，需要由经验丰富的校对员进行最后的把关。

通过以上环节的质量检查，确保学术期刊的校对工作达到预期标准，为学术期刊的质量提供有力保障。

（2）收集反馈与持续改进。为了不断提高校对工作的质量和效率，需要建立读者反馈机制，收集并分析读者对学术期刊质量的意见和建议。根据读者的反馈，不断优化校对流程和标准，提高学术期刊的质量和影响力。编辑可以采取以下措施：

①建立读者反馈渠道：通过电子邮件、在线平台或社交媒体等途径，向读者征集意见和建议。

②定期收集反馈：定期收集和分析读者反馈，了解学术期刊在质量和编辑方面的不足之处。

③持续改进：根据反馈结果，不断优化校对流程和标准。

编辑通过持续改进可以不断提高学术期刊的学术质量和影响力，为学术界提供高质量的学术成果。

（3）引入第三方校对评估。为了确保学术期刊的校对工作达到更高的标准，定期邀请外部专家或机构对学术期刊进行质量评估。第三方评估可以从客观的角度审视校对工作，发现潜在问题并提出改进建议。这有助于编辑不断完善校对流程和标准。

为了确保第三方评估的公正性和客观性，编辑可以采取以下措施：

①选择具有专业资质和丰富经验的第三方机构。

②与第三方机构签订保密协议，确保评估过程和结果不被泄露。

③评估结束后，与第三方机构进行沟通和反馈，以便进一步优化校对工作。

通过引入第三方校对评估，编辑可以不断提高学术期刊的学术质量和影响力，为学术界树立良好的品牌形象。

(四)《草业学报》校对工作的思考

《草业学报》承载着传播草业科学知识、推动学科发展、促进学术交流的重要使命。在校对这一关键环节上,《草业学报》的严谨性与专业性不仅关乎学术成果的准确呈现,更直接影响学术界对研究成果的信任度与认可度。以下是对《草业学报》校对工作的几点思考。

1. 校对工作的重要性

(1)确保学术严谨性。草业科学作为一门应用性与理论性并重的学科,其研究成果往往涉及复杂的实验设计、数据分析及理论探讨。校对过程中,对每一个数据、每一个结论的仔细核对,都是对学术严谨性的坚守,以确保研究成果真实可靠。

(2)提升阅读体验。优秀的校对人员能够消除文稿中的错别字、语法错误、标点不当等问题,使文章表达更加清晰流畅,增强文章的学术影响力。

(3)维护学术期刊形象。作为行业内的权威学术期刊,《草业学报》的每一期都代表着学术期刊的整体水平与形象。高质量的校对工作是学术期刊品牌建设的重要组成部分,有助于树立学术期刊在学术界的权威地位。

2. 校对工作面临的挑战

(1)专业术语的准确性。草业科学涉及大量专业术语,这些术语在不同语境下可能有特定含义。校对人员需具备扎实的专业知识,才能准确判断术语使用的恰当性。

(2)数据与图表的一致性。随着科研方法的不断进步,草业科学研究中大量使用数据分析和图表展示。校对时需仔细核对图表中的数据与正文描述是否一致,确保信息准确无误。

(3)引用格式的规范性。学术论文的引用格式需遵循一定的规范,如APA(心理学会)、MLA(现代语言协会)或《信息与文献 参考文献著录规则》(GB/T 7714—2015)等。校对时需检查引用是否规范、完整,避免因格式问题影响论文的学术评价。

3. 提升校对质量的策略

(1)加强校对团队建设。为了提高《草业学报》的校对质量,编辑部需要组建一支由专业编辑、学科专家及经验丰富的校对人员组成的团队。这个团队应该具备扎实的专业知识、良好的团队协作精神和丰富的校对经验。通过团队协作，发挥各自优势，提高校对效率与质量。

（2）引入智能化校对工具。随着自然语言处理和机器学习等先进技术的发展，可以利用这些技术来开发或引入智能化校对工具，辅助人工校对，提高校对精度和效率。这些工具可以通过分析大量的文献资料，自动识别和纠正错误，同时也能提供一些有价值的建议和提示，帮助校对人员更好地完成工作。

（3）建立完善的校对流程。为了确保校对工作的规范化和高效性，需要建立完善的校对流程和标准，明确各阶段的任务与要求。首先，校对人员应该仔细阅读稿件，发现并纠正语法、拼写、标点符号等基础错误。其次，核对人员应该关注文章的结构、逻辑和表达是否清晰，并纠正一些更复杂的错误。最后，核对人员应该将校对后的稿件与原稿进行对比，确保没有遗漏或错误。同时，还需要建立反馈机制，及时收集作者和读者的意见，不断优化校对流程。

（4）加强培训与交流。为了提高校对人员的专业素养和业务能力，需要定期组织校对人员参加专业培训，使他们了解最新的学术规范、编辑标准和技术手段。同时，还需要加强与其他学术期刊校对团队的交流与合作，共享经验，共同提升校对水平。通过与其他学术期刊的校对人员交流，可以了解其他学术期刊的校对标准和流程，学习他们的经验和做法，从而更好地提高校对质量。

总之，《草业学报》的校对工作是保障学术成果质量、提升学术期刊影响力的重要环节。通过加强团队建设、引入智能化工具、完善校对流程以及加强培训与交流等措施，可以不断提升校对工作的质量和效率，为草业科学的发展贡献力量。

第三章　学术期刊的出版工作

第一节　出版流程的管理

一、学术期刊的印刷、发行与推广

作为知识传播与学术交流的重要载体，学术期刊的成功出版，离不开印刷、发行与推广三个核心环节的紧密配合与高效协同。学术期刊在印刷、发行与推广方面有自己的特点，也有与一般学术期刊相同的地方。

（一）印刷

印刷是学术期刊出版的基础环节，其质量直接影响到读者对学术期刊的第一印象及后续阅读体验。随着科技的不断进步，印刷技术已从传统的胶印向数字化、环保化方向发展，为学术期刊提供了更多元化的选择。

1. 数字化印刷：高效、灵活的出版新模式

数字化印刷利用数字技术直接控制印刷过程，实现了短版快印、按需印刷，有效地降低了库存成本，缩短了出版周期，对于小众或专业性强的学术期刊尤为适用。这种新型的印刷方式大大地提高了出版效率，减少了不必要的浪费，为学术期刊出版带来了革命性的变化。

2. 质量控制：提升学术期刊的整体质感

无论是传统印刷还是数字印刷，都应严格把控色彩管理、纸张选择、装订工艺等各个环节，确保印刷品的清晰度、色彩还原度及耐用性，提升学术期刊的整体质感。优质的纸张、恰当的装订都能使学术期刊看起来更有品质，清晰的排版、精准的颜色则能给读者带来更好的阅读体验。

3. 环保材料：绿色出版，共同担当

随着大众环保意识的增强，采用可回收或生物降解的纸张及环保油墨印刷成为一大趋势。这不仅符合可持续发展的理念，也能提升学术期刊的品

牌形象。使用环保纸张和油墨，不仅能减少对环境的影响，还能让学术期刊在读者心中留下绿色、健康的形象，有利于学术期刊的长远发展。

(二) 发行

学术期刊，作为学术交流的重要平台，其发行环节是连接生产者 (期刊编辑、作者) 与消费者 (读者、研究者) 的重要桥梁。发行效率与覆盖面的提升，直接影响学术期刊的市场影响力。为此，学术期刊发行需关注以下关键要素：多元化渠道、精准定位与国际化布局。

1. 多元化渠道：突破传统，拥抱数字化

传统的学术期刊发行方式包括订阅、零售和图书馆采购等。然而，随着科技的发展和读者阅读习惯的改变，学术期刊发行应积极拥抱数字化渠道，如在线订阅平台、电子学术期刊数据库等。这些数字化渠道不仅能满足读者随时随地阅读的需求，还能降低纸张和存储成本，提高发行效率。

学术期刊发行应充分利用数字化渠道的优点，如提供个性化的阅读体验、按需定制内容等，满足不同读者的阅读需求。同时，学术期刊应关注新兴的数字发行方式，如通过社交媒体、在线教育平台等渠道进行推广，扩大影响力。

2. 精准定位：明确目标，制订策略

精准定位是提升学术期刊发行效率的关键。期刊应通过市场调研明确目标读者群体，并制订有针对性的发行策略。例如，针对科研人员的学术期刊可加强与高校、研究机构的合作，实现精准投放。通过与目标读者建立紧密联系，学术期刊可以提高发行效率，增强市场影响力。

在制订发行策略时，学术期刊应关注读者需求的变化，不断调整发行方式和方法。例如，针对年轻读者群体，学术期刊可以通过社交媒体、短视频等新媒体形式进行推广，增强传播效果。

3. 国际化布局：提升国际影响力

对于希望扩大国际影响力的学术期刊，国际化布局是必经之路。学术期刊应积极参与国际展览，加入国际学术期刊联盟，拓展海外发行渠道，提高国际知名度和影响力。同时，学术期刊应关注海外读者的阅读习惯和需求，提供符合国际标准的学术内容，提升学术期刊的国际竞争力。

在国际化布局的过程中，学术期刊应关注与海外出版机构的合作，建立稳定的发行网络。此外，学术期刊可以通过建立英文网站、提供英文摘要和参考文献等方式，提高其在国际读者群中的可读性。

(三) 推广

在学术期刊出版过程中，推广是不可或缺的一环。它不仅关乎学术期刊品牌形象的塑造，更关乎读者忠诚度的培养。通过精心策划和实施有效的推广策略，学术期刊可以提升品牌辨识度，扩大影响力，并吸引更多的忠实读者。

1. 品牌建设

学术期刊的品牌形象是其核心价值的重要体现。高质量的内容、独特的视觉设计以及定期举办的学术活动都是构建学术期刊独特品牌形象的关键。

首先，高质量的内容是学术期刊的核心竞争力。学术期刊应致力于发表原创、前沿、有深度的学术研究成果，确保每一篇论文都具备高度的学术价值和影响力。同时，学术期刊应积极寻求与国内外知名学者、研究机构合作，共同策划和组织专题研究，以提升学术期刊在特定领域的学术地位。

其次，独特的视觉设计也是塑造品牌形象的重要手段。学术期刊的封面设计、版式安排、色彩搭配等都应体现学术期刊的特色和定位，吸引读者的注意力。此外，定期举办学术活动也是提升品牌形象的有效方式。学术期刊可以组织专题研讨会、作者 / 读者交流会等活动，为作者、读者提供一个交流和学习的平台，增强学术期刊的学术影响力。

2. 社交媒体营销

社交媒体是传播的重要平台，也是推广学术期刊的重要手段。通过微博、微信公众号、知乎等社交媒体平台，学术期刊可以发布学术期刊动态、学术文章摘要、作者访谈等内容，增加与读者的互动，扩大学术期刊的曝光度。

微博是一个重要的推广平台。学术期刊可以通过官方微博发布新闻资讯、会议活动、论文摘要等内容，与读者互动，增强品牌曝光度。同时，也可以利用微博的热搜功能，根据热点话题进行推广，提高学术期刊的关注度。

微信公众号是学术期刊进行深度推广的重要平台。学术期刊可以通过微信公众号定期发布学术文章摘要、研究成果介绍等内容，同时也可以通过举办线上活动、邀请知名学者撰写专栏等方式，增强与读者的互动，提高学术期刊的知名度和影响力。

3. 读者反馈机制

建立有效的读者反馈机制是提升读者满意度和忠诚度的重要手段。通过定期收集读者意见，学术期刊可以及时调整出版策略，提高服务质量，增强读者的忠诚度。同时，邀请知名学者或行业专家撰写推荐语，可以提升学术期刊的学术权威性和影响力。

在收集读者反馈时，可以采用问卷调查、在线评论、邮件反馈等方式。通过分析反馈数据，学术期刊可以了解读者的需求和喜好，从而优化出版策略。

通过品牌建设、社交媒体营销和读者反馈机制的综合运用，学术期刊可以更好地推广自己，塑造品牌形象，培养读者的忠诚度，进一步提升学术期刊的影响力和竞争力。

二、学术期刊出版数字化转型

数字化浪潮正以前所未有的速度改变着各行各业，学术期刊出版领域也不例外。数字化转型不仅为学术期刊出版带来了前所未有的机遇，也使其面临前所未有的挑战。

（一）数字化转型的必然趋势

在当今的互联网时代，学术期刊出版行业的数字化转型已经成为不可逆转的趋势。这种转型不仅是为了适应读者信息获取方式的变化，也是为了提高学术交流的效率，更精准地把握读者需求和市场趋势，以及推动开放科学的理念。

1. 信息获取方式的变革

在互联网时代，读者更倾向于通过电子设备进行信息检索与阅读。这不仅改变了读者的阅读习惯，也要求学术期刊必须提供便捷的数字化访问渠道。数字化学术期刊可以让读者随时随地访问，不受时间和地点的限制，极大地提高了阅读的便利性。此外，数字化学术期刊还可以提供更多的阅读和交流方式，如在线评论、讨论区、社交媒体分享等，这些都是传统印刷学术期刊无法提供的。

2.学术交流的高效化

数字化平台能够加速学术成果的发布与传播，促进全球范围内的即时交流与讨论，缩短知识更新的周期。在数字化平台上，学术论文可以快速地被全球的读者发现和阅读，极大地提高了学术成果的传播效率。此外，数字化平台还可以促进作者和读者之间的互动，激发更多的讨论和思考，进一步推动知识的更新和进步。

3.数据驱动的决策分析

大数据分析技术的应用，使学术期刊编辑能够更精准地把握读者需求、作者偏好及市场趋势，从而优化出版策略。通过数据分析，学术期刊可以更准确地了解读者的阅读习惯、兴趣爱好和需求，以便提供更符合他们需求的内容。同时，数据分析也可以帮助学术期刊了解竞争对手的情况，从而调整自己的出版策略。

4.开放科学的推动

数字化转型促进了开放获取（OA）运动的发展，使更多科研成果能够免费、即时地被全球科研人员获取和使用。OA运动旨在让更多的科研成果能够被全球的科研人员自由地获取和使用，这不仅提高了科研成果的利用率，也促进了知识的共享和交流。学术期刊的数字化转型是OA运动的重要推动力量，它可以让更多的科研人员方便地获取和使用学术期刊内容，从而促进科研的进步。

（二）数字化转型的核心要素

在数字化快速发展的今天，学术期刊出版业也正在经历着从传统纸质出版到数字化出版的转型。这个转型的核心要素包括四个方面：内容数字化、平台建设、数据管理与分析和版权保护与开放获取。

第一，内容数字化是学术期刊出版数字化转型的基础。这意味着需要将传统纸质学术期刊的内容，包括文章、图片、图表、数据等，转化为数字格式，如PDF、HTML、XML等，以适应不同设备的阅读需求。这个过程需要专业的技术和人员支持，以确保内容的准确性和完整性。同时，也需要考虑如何处理版权问题，以保护作者的权益并遵守相关法律法规。

第二，平台建设是学术期刊数字化转型的关键。这包括构建或优化数字化出版平台，提供在线投稿系统、同行评审系统、在线出版系统以及移动应用等。这些平台应具备易用性、安全性和稳定性，能够提升用户体验，促进作者、读者和编辑之间的交流和合作。同时，数字化平台也应具备大数据分析功能，以便于学术期刊进行读者分析、作者分析、论文分析等，从而提升学术期刊的影响力和竞争力。

第三，数据管理与分析是学术期刊数字化转型的重要环节。学术期刊需要建立完善的数据收集、处理与分析机制，利用大数据和人工智能技术对数据进行深度挖掘和分析，以提升学术期刊内容的质量和影响力。这包括对论文质量、引用率、影响因子等指标的分析，以及对作者、读者、同行评审者的行为分析等。通过这些数据分析，学术期刊可以更好地了解市场需求，优化出版流程，提高出版效率。

第四，版权保护与 OA 是学术期刊数字化转型的重要原则。在保护作者版权的同时，学术期刊应积极探索开放获取模式，如通过 OA 基金或计划实现学术期刊的开放获取，以平衡商业利益与知识共享的需求。OA 模式可以提高学术期刊的可见度和影响力，增强学术期刊的国际竞争力。

(三) 面临的挑战

（1）技术更新速度快。数字化技术日新月异，学术期刊出版机构需不断投入资源以跟上技术发展的步伐。

（2）版权管理复杂化。数字化环境下，侵权问题更加突出，如何有效保护作者权益成为一大难题。

（3）盈利模式重构。传统订阅模式受到冲击，学术期刊出版机构需探索新的盈利模式，如广告收入、增值服务、数据销售等。

（4）读者习惯多样化。不同年龄、专业背景的读者对学术期刊内容的呈现形式、获取方式有不同需求，如何满足这些多样化需求是一大挑战。

（四）应对策略

随着科技的飞速发展，学术期刊出版行业正在经历一场前所未有的数字化转型。为了应对这一变革，学术期刊出版机构需要制订一系列策略，以适应新的数字环境，提升自身的竞争力和影响力。

1. 加强技术创新与合作

学术期刊出版机构应积极与科技公司、高校等建立合作关系，共同研发适应学术期刊出版需求的新技术、新平台。这不仅可以引入最新的科技力量，推动学术期刊出版的数字化进程，还可以通过合作共享资源，降低研发成本。

在技术创新方面，学术期刊出版机构应关注大数据、人工智能、区块链等前沿技术，探索如何将其应用于学术期刊出版中，提升出版效率和内容质量。例如，可以利用人工智能技术对作者的文章进行自动分类、推荐和编辑，提高审稿和排版效率。

2. 完善版权保护机制

版权保护是学术期刊出版数字化转型的重要一环。学术期刊出版机构应利用区块链、数字水印等先进技术加强版权保护，确保作者的权益不受侵犯。同时，学术期刊出版机构还应加强国际合作，共同打击侵权行为，维护良好的版权环境。

3. 探索多元化营利模式

在数字化转型过程中，学术期刊出版机构应结合学术期刊特色，开发多样化的增值服务，如定制化报告、数据分析服务、在线培训等，拓宽收入来源。此外，还可以通过广告投放、付费阅读等方式，增加收入。

4. 注重用户体验与反馈

在学术期刊出版数字化转型过程中，用户体验是至关重要的。学术期刊出版机构应不断优化数字化平台的功能与界面设计，提升用户体验。同时，应积极收集读者、作者反馈，及时调整出版策略，以满足用户需求。

总之，学术期刊出版的数字化转型是大势所趋，它既是挑战也是机遇。通过不断探索与实践，学术期刊出版机构将能够重塑学术传播的新篇章，推动科学研究的进步与发展。

三、学术期刊出版流程管理的优化与革新

学术期刊作为学术交流与知识传播的重要载体，其出版效率与质量直接关系到科研成果的及时发布与学术生态的健康发展。因此，优化学术期刊出版流程，缩短编辑周期，提升管理效能，成为学术期刊界亟待解决的问题。下面将从改进学术期刊出版流程、整合信息技术平台、完善管理制度三个方面探讨如何有效提升学术期刊出版的整体效能。

（一）改进学术期刊出版流程，缩短出版周期

1. 坚持读者导向，优化出版流程

首先，学术期刊出版应坚持读者导向原则，深入分析读者群体的需求与偏好，据此调整出版流程。通过市场调研、读者反馈收集等方式，明确学术期刊定位，优化选题策划、稿件筛选、审稿编辑等各个环节。例如，采用快速通道机制，对高质量或有紧急需求的稿件进行优先处理，以缩短从投稿到发表的时间周期。同时，建立灵活的审稿机制，确保审稿效率与质量并重。

2. 完善信息，加强时间成本管理

时间成本是学术期刊出版中不可忽视的关键因素。通过引入项目管理理念，对出版流程中的每个环节进行时间节点设定与跟踪，确保各项任务按时完成。利用信息化手段，如项目管理系统或协同办公平台，实现任务分配、进度监控、风险提示等功能，提高出版效率。此外，定期评估各环节的时间消耗，识别"瓶颈"环节并采取措施加以改进，从而缩短出版周期。

3. 运用智能软件，减少重复劳动

随着人工智能技术的快速发展，其在学术期刊出版领域的应用日益广泛。通过引入智能排版软件、自动校对工具、参考文献管理软件等智能化工具，可以大幅减少编辑人员的重复性劳动。同时，利用自然语言处理技术辅助审稿，快速识别论文中的语言问题、逻辑错误等，为审稿人提供初步筛选意见，进一步缩短审稿周期。

（二）整合信息技术平台，消除"孤岛"现象

1. 围绕产品核心消除模糊地带

在整合信息技术平台时，应明确学术期刊出版的核心产品与服务，以此为中心构建统一的信息管理体系。通过梳理各部门、各流程之间的信息交互需求，消除信息"孤岛"，确保信息的准确、及时传递。这有助于提升团队协作效率，减少沟通成本，为快速响应市场需求奠定基础。

2. 建立共享云平台整合信息流

建立基于云技术的信息共享平台，将学术期刊出版的各个环节纳入统一的管理体系中。通过云平台，可以实现稿件提交、审稿、编辑、排版、发布等全链条的在线协同作业，极大地提升工作效率。同时，云平台还具备数据存储、备份、恢复等功能，确保数据的安全性与完整性。

3. 推进流程和系统数字化建设

数字化是提升学术期刊出版管理效能的必由之路。通过推进流程和系统的数字化建设，实现出版流程的自动化、智能化。例如，开发或引入专业的学术期刊管理系统，实现稿件管理、审稿管理、版权管理、财务管理等功能的集成与优化。同时，加强数据安全与隐私保护，确保数字化转型过程中的信息安全。

（三）完善管理制度架构，增强监管效力

1. 加强奖惩机制

建立科学合理的奖惩机制，是激发员工工作积极性、提升管理效能的重要手段。通过设立明确的考核标准与奖惩措施，对表现优秀的员工进行表彰与奖励；对违反规定或工作不力的员工进行批评与处罚。这有助于形成积极向上的工作氛围，提升团队的整体战斗力。

2. 运用自动信息技术监管

借助自动信息技术手段，实现对学术期刊出版流程的实时监控与数据分析。通过设立预警机制与异常处理流程，及时发现并纠正出版过程中的问题与偏差。同时，利用大数据分析技术，对出版数据进行深度挖掘与分析，为学术期刊出版的战略决策提供有力支持。

3.完善岗位划分培训技能

根据学术期刊出版的实际需求与流程特点，合理划分工作岗位与职责范围。通过制订详细的岗位说明书与操作手册，明确各岗位的职责与要求。同时，加强员工技能培训与知识更新工作，提升员工的专业素养与综合能力。这有助于提升学术期刊出版的专业化水平与管理效能。

4.规范执行三级论证制度

在学术期刊出版过程中引入三级论证制度（如选题论证、审稿论证、出版论证），对关键环节进行多轮次、多层次的论证与审核。通过集思广益、群策群力，确保学术期刊出版的质量与水平。同时，建立严格的论证程序与责任追究机制，确保三级论证制度的规范执行与有效落实。

总之，优化学术期刊出版流程管理需要从改进出版流程、整合信息技术平台、完善管理制度等多个方面入手。通过不断探索与实践创新管理方法与技术手段的应用，可以有效提升学术期刊出版的整体效能与核心竞争力，为学术交流与知识传播贡献更大的力量。

四、学术期刊出版流程优化的实施保障策略

学术期刊出版效率与质量直接影响科研成果的及时分享与学科发展的步伐。为了进一步提升学术期刊出版效率，确保学术成果的高效、准确传播，实施一系列科学合理的保障措施显得尤为重要。下面将从组织架构保障、绩效体系改革以及人才培养保障三个方面，探讨学术期刊出版流程优化的实施保障策略。

（一）组织架构保障

1.明确职责分工，优化部门设置

首先，需要对学术期刊编辑部进行组织结构的重新梳理与优化，明确各岗位职责，减少职能重叠。可设立专门的流程管理部门，负责监控并优化从稿件接收、审稿、编辑、排版到出版的每一个环节，确保流程顺畅无阻。同时，加强跨部门协作机制，如与技术部门、财务部门等建立畅通的沟通渠道，共同解决出版过程中遇到的技术难题和资金问题。

2.强化信息化建设，提升管理效能

引入先进的出版管理系统（如 ERP、CMS 等），实现稿件处理、审稿跟踪、编辑进度、出版计划等信息的数字化管理，减少人工错误，提高管理效率。通过大数据分析，还能为学术期刊内容策划、读者需求分析等提供科学依据。

（二）绩效体系改革

1.建立科学的绩效评估体系

构建以出版效率、稿件质量、读者反馈等多维度为指标的绩效评估体系，确保评价全面、客观。通过定期评估，识别流程中的瓶颈和亮点，为优化提供数据支持。同时，将评估结果与员工奖惩、晋升等挂钩，激发员工的工作积极性和创造力。

2.推行激励机制，激发团队活力

除了传统的薪酬激励，还应注重非物质激励，如表彰优秀团队和个人、提供职业发展规划、增加培训机会等，以满足不同编辑的需求，增强团队凝聚力和向心力。此外，设立创新基金，鼓励编辑在出版流程、内容创新等方面提出新想法、新方案，促进学术期刊出版的持续进步。

（三）人才培养保障

1.加强专业培训，提升专业能力

定期组织编辑人员参加出版业务、学术规范、信息技术等方面的培训，不断提升其专业素养和业务能力。特别是要加强新入职员工的岗前培训，确保他们能够迅速融入团队，掌握必要的技能和知识。

2.构建学习型组织，促进知识共享

鼓励编辑人员之间开展学术交流、经验分享，形成浓厚的学习氛围。通过建立知识库、在线学习平台等方式，促进知识的积累和传承，为学术期刊出版的长远发展奠定坚实的人才基础。

3.吸引优秀人才，优化人才结构

通过优化薪酬结构、提供广阔的职业发展空间、营造良好的工作环境等措施，吸引更多优秀人才加入学术期刊编辑队伍。同时，注重人才结构的合理性，既要有经验丰富的老编辑把关质量，也要有充满活力和创新精神的年轻编辑注入新鲜血液，共同推动学术期刊出版的繁荣发展。

组织架构保障、绩效体系改革、人才培养保障是学术期刊出版流程优化不可或缺的三个方面。通过实施这些保障措施，可以有效提升学术期刊出版的效率和质量，为学术交流和知识传播提供更加坚实有力的支撑。

五、《草业学报》出版流程管理与优化的思考

在当今知识爆炸的时代，学术期刊出版流程的规范性与高效性直接关系到学术成果的及时发布与广泛影响。《草业学报》作为国内草业科学领域的权威学术期刊，其出版流程的管理与优化不仅是对科研工作者辛勤付出的尊重，也是推动草业科学学科发展的重要驱动力。下面将从印刷、发行、推广和数字化转型四个方面，对《草业学报》的学术期刊出版流程进行深入探讨，并提出相应的优化建议。

（一）印刷

印刷是学术期刊出版流程的重要环节，直接关系到学术期刊的外观和质量。首先，印刷应确保纸张质量、装帧设计等外在因素符合学术期刊的定位和风格。其次，印刷过程中应注重稿件内容的清晰、准确，避免因印刷问题导致读者阅读困难。为优化这一环节，建议设立专门的印刷监督小组，定期检查印刷质量，确保学术期刊的外观和质量符合标准。

（二）发行

发行是学术期刊传播学术成果的关键环节。首先，应扩大发行渠道，如与各大图书馆、高校、研究机构等建立合作关系，提高学术期刊的可见度和影响力。其次，应加强与作者的沟通，确保稿件内容符合目标读者的需求，从而提高学术期刊的阅读价值和吸引力。为优化此环节，建议定期收集读者和作者的反馈，调整学术期刊的定位和内容，以满足不同受众的需求。

（三）推广

推广是提高学术期刊影响力的关键手段。首先，应充分利用新媒体平

台，如微信公众号、微博等，定期发布学术期刊动态、作者文章推荐等，扩大学术期刊的传播范围。其次，应加强与同行的合作与交流，通过参加学术会议、举办讲座等，提高学术期刊的知名度以及影响力。为优化这个环节，建议设立专门的推广部门，制订合理的推广计划和策略，确保学术期刊在学术界的地位和影响力不断提升。

（四）数字化转型

随着数字化技术的不断发展，学术期刊出版流程也应进行数字化转型。首先，应建立完善的数字化平台，实现稿件提交、审稿、编辑、出版等全流程的数字化管理，提高出版效率和质量。其次，应加强与大数据、人工智能等先进技术的融合，实现个性化推荐、智能审稿、自动化排版等智能化服务，提高读者的阅读体验和满意度。为了优化这一环节，建议加大对数字化转型的投入，引进先进的技术和设备，培养专业的数字化人才，确保学术期刊在数字化转型中保持领先地位。

《草业学报》出版流程的管理与优化对于其发展至关重要。通过印刷、发行、推广和数字化转型等方面的优化措施，学术期刊可以不断提高自身的学术影响力、阅读价值和用户体验。未来，《草业学报》应继续关注数字化转型的趋势，不断探索新的发展路径和商业模式，为草业科学领域的学术交流和传播做出更大的贡献。

第二节　学术期刊的形式与内容

一、学术期刊的形式

（一）封面设计

学术期刊的封面是学术期刊的第一个"窗口"，它反映了学术期刊的整体风格和主题，同时吸引着读者的注意力。封面的设计要素主要包括学术期刊名、标题、作者名、出版日期以及相关的图片和图标等。封面的风格应与学术期刊的内容相匹配，简洁大方，同时也应具有吸引力和创新性。封面的配色也至关重要，应以主题色为主，辅以适当的对比色，以增强视觉效果。

（二）目录

目录是学术期刊的重要组成部分，它提供了文章和子刊的导航系统。目录的结构通常包括文章标题、作者名、摘要和关键词等。目录的内容安排应简洁明了，方便读者快速找到所需信息。此外，目录的排版也应与学术期刊的整体风格相协调。

（三）页眉页脚

页眉页脚通常包括学术期刊的名称、出版单位、版权信息等。页眉页脚的设计应简洁明了，颜色应与学术期刊整体色调一致。页脚的设计应易读和清晰，方便读者快速定位。

（四）字体和排版

字体和排版是学术期刊的重要元素，它直接影响读者的阅读体验和学术期刊的整体风格。在选择字体时，应考虑学术期刊的主题和受众群体，同时应选择易读、美观的字体。在排版上，应保持整洁、一致，避免出现视觉混乱。同时，应考虑文章的布局和格式。

（五）插图和表格

插图和表格是学术期刊的重要组成部分，它们可以清晰地表达文章的内容和观点。在制作插图和表格时，应考虑清晰度、简洁性和可读性，同时应注意插图和表格的比例、尺寸和颜色等元素。应根据文章的内容和需要选择合适的插图和表格形式。

（六）印刷质量

印刷质量是学术期刊出版物的重要组成部分，它直接影响学术期刊的整体质量和读者的阅读体验。高质量的印刷可以增强学术期刊的视觉效果，提高读者的阅读体验。印刷质量包括颜色的一致性、字迹的清晰度、纸张的质量等。学术期刊出版单位应选择专业的印刷公司，确保印刷质量达到最佳水平。此外，印刷过程中应注意避免出现错别字、漏印等问题，以确保学术期刊的准确性。

学术期刊的形式是影响其整体质量和读者体验的关键因素。通过精心设计封面、目录、页眉页脚、字体和排版、插图和表格，并关注印刷质量，可以制作出高质量的学术期刊。在未来的工作中，学术期刊出版单位应继续关注这些方面，不断提高学术期刊的质量和影响力。

二、学术期刊的内容

(一) 文章类型

(1) 研究报告。研究报告是学术期刊中最常见的文章类型，通常包括一项新的研究或对现有研究的深入分析。这类文章通常会详细描述研究背景、目的、方法、结果和结论。

(2) 综述。综述是对某一领域或主题的研究进行系统回顾和总结的文章。这类文章通常会概述当前研究现状，并讨论未来的研究方向。

(3) 案例报告。案例报告是对特定案例的研究和分析，通常用于描述特定事件或现象的发生和发展过程。

(4) 评论。评论是对特定研究或学术期刊出版物的评价和分析，通常会讨论研究的优点和缺点，并提出改进意见。

(5) 会议报告。会议报告是描述学术会议内容的文章，通常会介绍会议的组织、议程、讨论和结论等内容。

(二) 文章结构

(1) 标题。标题应该简洁明了，能够概括文章的主要内容。标题应该避免使用过于模糊或抽象的词语。

(2) 摘要。摘要应该简明扼要地概括文章的主要内容和结论，以便读者快速了解文章的主要内容。摘要应该避免使用不相关的信息或过于详细的解释。

(3) 引言。引言应该介绍研究背景、目的和意义，以及前人研究的现状和不足之处。引言应该清晰明了，能够引导读者进入文章的主题。

（4）方法。方法部分应该详细描述研究设计、数据采集和分析方法，以便其他研究者能够复现研究结果。

（5）结果。结果部分应该详细描述实验或观察所得的数据和结果，并对其进行解释和分析。结果部分应该清晰明了，易于理解。

（6）讨论。讨论部分应该对结果进行深入的分析和讨论，并与其他相关研究进行比较和评价。讨论部分应该避免过度解释或夸大结果的重要性。

（三）写作规范

（1）术语使用。应该使用标准的术语和定义，避免使用不准确或模糊的词语。如果需要使用新的术语或概念，应该进行定义和解释。

（2）引文标注。如果文章中引用了其他研究或文献，应该进行正确的引文标注。引文应该清晰明了，便于读者理解引用来源。

（3）图注表注。图注和表注是学术论文的重要组成部分，应该清晰明了地解释图表的含义和意义。图注和表注应该避免使用过于专业化的术语。

（4）语言规范。学术论文应该使用标准的语言和语法，避免使用过于口语化或模糊的词语。文章应该简洁明了。

总之，学术期刊出版物中的文章类型多种多样，每种类型都有其特定的结构和写作规范。了解这些内容可以帮助作者更好地撰写学术论文，提高论文的质量和影响力。

三、《草业学报》的期刊形式与内容的思考

《草业学报》作为草业科学领域的重要学术期刊，一直以来以其高水平的学术质量和严谨的学术态度，为草业科学领域的学者提供重要的交流平台。下面将从学术期刊的形式与内容两个方面，对《草业学报》进行深入的思考和探讨。

（一）《草业学报》的期刊形式的思考

《草业学报》的期刊形式对于学术交流和传播具有重要意义。

1.版面设计

版面设计是学术期刊的重要组成部分，它直接影响读者的阅读体验和

学术期刊的整体形象。《草业学报》的版面设计应简洁明了，色彩搭配合理，字体大小适中，图片清晰美观。同时，应注重版面的空间布局，合理安排文章篇幅和图表位置，确保版面布局的平衡和美观。此外，应注重学术期刊的页面布局，确保文章标题、作者姓名、单位、摘要、关键词等关键信息清晰可见，方便读者快速获取信息。

2. 排版规范

排版规范是学术期刊的技术标准，也是保证学术期刊出版质量的重要环节。《草业学报》应遵循相关排版规范，确保文章排版整齐、规范、美观。首先，文章格式应符合规范，包括标题格式、字体大小、行距、边距等；其次，图表应按照规范进行排版，确保清晰、美观、易于理解；最后，参考文献应按照规范列出，确保引用的准确性。为了提高排版规范性，学术期刊编辑部应加强排版人员的培训和管理，确保排版人员具备相关专业知识和技能，能够严格按照规范进行排版。

（二）《草业学报》的期刊内容的思考

作为一份专注于草业科学研究的学术期刊，《草业学报》的内容把握对于提升草业科学研究水平、推动学科发展具有重要意义。

1. 内容质量是关键

作为一份学术期刊，《草业学报》必须保证其自身的内容具有较高的学术价值。为此，学术编辑部应建立严格的审稿制度，确保稿件质量。同时，为了吸引更多的优秀稿件，《草业学报》还应注重稿件的多样性，涵盖草业科学研究的不同领域和方向。此外，《草业学报》应积极倡导原创性研究，鼓励作者提出新的理论、方法和观点，以提高研究成果的独创性和前沿性。

2. 关注热点问题

随着草业科学研究的不断深入，涌现出许多热点问题。《草业学报》应该敏锐地捕捉到这些热点问题，将其纳入出版物中，以吸引更多研究者的关注和参与。在选稿时，《草业学报》应注重稿件的时效性，优先发表那些反映当前研究热点的稿件。同时，为了推动草业科学研究的深入发展，学术期刊还应积极组织专题讨论，邀请相关领域的专家学者共同探讨热点问题，为草业科学研究提供新的思路和方法。

3. 把握正确的研究方向

草业科学研究是一个不断发展的学科领域，研究方向的正确与否直接关系到研究成果的质量和价值。《草业学报》应该积极引导研究者把握正确的研究方向，为草业科学研究提供科学指导和方向性建议。为此，学术期刊应关注学科发展趋势，及时发布有关草业科学研究的最新研究成果和进展，为研究者提供参考和借鉴。同时，还应积极推广先进的草业科学理念和技术，为草业科学实践提供理论支持和实践指导。

4. 传播学术思想

《草业学报》作为一部学术期刊，不仅要为研究者提供高质量的学术成果展示平台，还要肩负起传播学术思想的责任。为此，学术期刊应注重稿件的学术性和可读性，使读者能够轻松地理解和接受稿件中的学术观点和思想。同时，为了扩大学术期刊的影响力和知名度，还应积极开展学术交流和合作，与国内外相关学术机构建立合作关系，共同推动草业研究的交流与合作。

《草业学报》应当继续保持其高水平的学术质量和严谨的学术态度。在学术期刊出版形式方面，应注重页面设计、栏目设置和学术规范；在内容方面，应关注文章质量、研究方向和传播学术思想。通过不断改进和创新，为草业科学领域的学者提供一个更加优质、高效的学术交流平台。同时，《草业学报》也应当积极推动草业科学领域的创新发展，加强与其他学科的交叉融合，为推动我国草业科学事业的发展做出更大的贡献。

第三节　版权保护与知识共享

一、学术期刊版权保护概述

在知识经济蓬勃发展的今天，学术期刊作为传播和交流学术研究成果的重要平台，不仅是推动科技进步的强大引擎，也是社会文化积淀和传承的重要途径。然而，随着融媒体和数字出版技术的飞速发展，学术期刊的版权保护问题逐渐凸显，侵权行为时有发生。这不仅损害了版权所有者的合法权益，也严重干扰了学术期刊的健康发展。因此，加强学术期刊的版权保护需引起足够重视，有必要对现有的侵权现象进行全面深入的研究，并提出切实可行的预防和处理策略。

（一）学术期刊中版权侵权概述

1.版权的基本概念

版权是知识产权的一种，也被称为著作权、文学产权，是创作者对其创作的文学、艺术和科学作品享有的专有权利，包括发表权、署名权、修改权、保护作品完整权、使用权和获取报酬权等。这些权利在全球范围内受到《伯尔尼公约》等国际条约和各国法律法规的保护。在版权保护期限内，未经版权所有人同意，他人不得以任何形式复制、传播、改编、表演、展览、出版其作品。对于学术期刊而言，原创性的学术论文、数据、图表、照片等都是受到版权保护的对象。版权是学术期刊的重要资产，对于维护学术期刊的声誉和经济利益具有重要意义。学术期刊的版权保护不仅有利于保护作者的知识产权，也有利于促进学术研究的创新和发展。

2.学术期刊版权侵权行为的影响

在当今信息爆炸的时代，学术期刊作为科研成果传播与交流的重要平台，承载着推动科技进步、促进知识共享的重任。然而，随着数字化技术的飞速发展，学术期刊版权侵权行为日益猖獗，这不仅严重侵害了作者、出版商及学术期刊编辑部的合法权益，更对整个学术生态和知识创新体系造成了深远的影响。下面将从多个维度探讨学术期刊版权侵权行为的影响。

（1）损害原创者权益，抑制创作热情。学术期刊凝聚了作者大量的心血与智慧，是其学术研究成果的直接体现。版权赋予了作者对其作品享有复制、发行、信息网络传播等专有权利。然而，当这些作品未经授权被非法复制、转载或用于商业用途时，作者的合法权益便遭受了侵害。这种侵权行为不仅剥夺了作者应得的经济利益，更伤害了其创作热情，长此以往，将严重削弱科研人员的积极性，不利于学术研究的持续繁荣。

（2）扰乱市场秩序，影响学术期刊生存。学术期刊出版商通过投入大量资源（包括编辑、审稿、印刷、发行等）来确保学术期刊的质量和影响力，这些成本需要通过合理的定价和市场销售来回收。版权侵权行为的存在，使侵权者能够无偿或以极低成本获取学术期刊内容，进而通过非法渠道进行传播和销售，直接冲击了合法出版物的市场份额，导致出版商收入锐减，甚至威胁到学术期刊的生存与发展。长此以往，将严重扰乱出版市场的正常秩序，影响整个行业的健康发展。

（3）降低学术诚信，损害科研声誉。学术诚信是科研工作的基石，而学术期刊版权侵权行为往往伴随学术不端行为的发生。例如，有的作者或机构为了快速发表论文或追求论文数量，不惜盗用他人成果，通过非法途径获取并发表已发表的论文，这种行为严重违背了学术道德和诚信原则。这种行为一旦被揭露，不仅会对涉事个人或机构造成严重的声誉损失，还会使整个学术界陷入信任危机，降低公众对科研成果的信任度和认可度。

（4）阻碍知识传播，影响学术交流。版权侵权行为，实际上扭曲了知识共享的本质。合法的知识传播应当建立在尊重版权、保障作者权益的基础上，通过正规渠道进行。而版权侵权行为则破坏了这一平衡，使优质的学术资源被滥用和误导，降低了知识的质量和可信度。同时，由于侵权内容的泛滥，真正有价值的学术成果反而可能被淹没在海量信息之中，难以得到有效传播和交流，从而阻碍了学术进步和创新发展。

（二）学术期刊版权侵权表现形式总结

在学术研究与信息传播日益频繁的今天，学术期刊作为知识交流与传播的重要平台，其版权保护问题日益凸显。版权侵权不仅损害了原作者的合法权益，也扰乱了正常的学术秩序与出版环境。下面将从作者侵权、学术期刊侵权、读者侵权以及其他侵权形式四个方面，对学术期刊版权侵权的表现形式进行全面总结。

1. 作者侵权

（1）抄袭与剽窃。这是最常见的作者侵权行为之一，表现为未经原作者许可，直接复制或改写他人文章中的段落、数据、图表等内容，并将其作为自己的研究成果发表。这种行为严重侵犯了原作者的著作权。

（2）一稿多投与重复发表。作者将同一篇或内容高度相似的文章同时提交给多个学术期刊，或在不同学术期刊上重复发表，以获取多次发表机会或不当利益，这同样构成对学术期刊版权的侵犯。

（3）虚假署名与篡改作者顺序。未经其他作者同意，擅自添加自己为作者，或擅自更改作者署名顺序，以获取不正当的学术荣誉或利益，也是作者侵权的一种形式。

2. 学术期刊侵权

（1）未经授权转载。学术期刊在未获得原作者或版权持有者明确许可的情况下，擅自转载、复制或发行他人的作品，侵犯了原作品的版权。

（2）版权信息缺失或错误。学术期刊在发表文章时，未正确标注或故意遗漏作者的版权声明、版权许可信息等，导致读者误用或滥用作品，间接构成对版权的侵犯。

（3）版权许可违规使用。即使学术期刊获得了作者的某种形式的版权许可，但如果超出了许可范围使用作品，如将仅限非商业用途的作品用于商业出版，同样构成侵权。

3. 读者侵权

（1）非法下载与传播。读者通过非法手段下载学术期刊文章，并在网络上广泛传播，未经版权所有者授权，侵犯了学术期刊及作者的版权。

（2）篡改与再创作。读者在未经许可的情况下，对学术期刊文章进行篡改、改编或基于其内容进行再创作，并以新作品的形式发布，同样构成侵权。

（3）过度引用与滥用。虽然合理引用是学术规范的一部分，但超出合理范围的引用，如整段复制粘贴而不加标注，或频繁引用同一篇文章以规避查重，也可能被视为侵权。

4. 其他侵权形式

（1）技术手段侵权。利用技术手段，如爬虫技术非法抓取学术期刊网站内容，建立镜像站点或数据库，供他人免费或低价获取，严重侵害了学术期刊的版权和经济利益。

（2）第三方平台侵权。一些第三方学术资源平台或社交媒体，未经授权擅自上传、分享学术期刊文章，即使初衷是学术交流，也可能因未获得版权方许可而构成侵权。

（3）国际版权差异。在国际合作与交流中，由于不同国家和地区版权法律的差异，可能导致无意的侵权行为。例如，某些在一国被视为合法的使用方式，在另一国可能构成侵权。

（三）学术期刊版权保护策略

在数字化时代，随着信息技术的飞速发展，学术期刊版权保护面临前所未有的挑战与机遇。如何有效应对版权侵权问题，保障学术期刊内容的合法传播与作者权益，成为当前学术期刊业亟待解决的重要问题。下面将从以下方面，探讨学术期刊版权保护的策略。

1. 增强版权保护意识

提升全社会尤其是学术界对版权保护的意识是根本。学术期刊出版机构应通过官方网站、社交媒体、学术会议等多种渠道，广泛宣传版权法律法规，强调版权保护的重要性。同时，鼓励作者、编辑及读者树立正确的版权观念，认识到尊重版权是每个参与学术活动者的基本义务。通过案例分析、法律解读等形式，增强公众的版权意识，营造尊重原创、抵制侵权的良好氛围。

2. 加强版权培训

版权知识的普及是提高版权保护水平的关键。学术期刊出版机构应定期组织版权保护专题培训，邀请法律专家、版权管理专业人士授课，覆盖作者、编辑、审稿人等全体相关人员。培训内容应涵盖版权法基本原理、学术期刊版权归属、合理使用与法定许可、版权侵权形式及法律责任等方面，确保每位参与者都能熟练掌握有关版权保护的知识与技能，从而在实际工作中有效避免版权纠纷。

3. 健全版权保护制度

建立健全的版权保护制度是保障学术期刊版权安全的基石。学术期刊出版机构应制订详细的版权管理制度，明确版权归属、使用权限、许可方式、维权流程等，确保版权管理的规范化、制度化。同时，与作者签订严谨的版权转让或许可使用协议，明确双方权利义务，为版权保护提供坚实的法律基础。此外，建立版权监测与维权机制，利用技术手段及时发现并处理侵权行为，维护学术期刊及作者的合法权益。

4. 采取防抄袭措施

抄袭是学术不端行为之一，严重损害学术期刊的声誉和作者的权益。学术期刊出版机构应采取多种防抄袭措施，如引入先进的论文查重系统，对投稿稿件进行全面检测，确保稿件的原创性。同时，建立严格的审稿制度，要求审稿人在评审过程中特别注意稿件的原创性，对疑似抄袭的稿件进行深入调查并作出相应处理。此外，加强与高校、科研机构等合作，共同打击学术抄袭行为，形成全社会共同参与的防抄袭网络。

5. 规范投稿系统

规范投稿系统是提升学术期刊版权保护效率的重要手段。学术期刊出版机构应建立高效、便捷的在线投稿系统，明确投稿流程、要求及注意事项，引导作者正确投稿。同时，加强投稿系统的安全性建设，采用加密技术保护作者信息及稿件内容的安全传输与存储。此外，优化投稿系统界面与功能，提高用户体验，减少因操作不当导致的版权问题。通过规范投稿系统，不仅可以提高投稿效率，还能有效避免因投稿环节不规范而引发的版权纠纷。

6. 加强交流

加强国内外学术期刊界、版权保护机构及法律界之间的交流与合作，是推动学术期刊版权保护水平提升的重要动力。通过举办国际研讨会、版权保护论坛等活动，分享版权保护的成功经验和最佳实践，探讨共同面临的挑战与应对策略。同时，建立常态化的交流机制，促进信息互通、资源共享，形成版权保护的合力。

7. 探索平台与著作权集体管理组织合作

在数字化时代，探索学术期刊平台与著作权集体管理组织（如作家协会、版权代理公司等）的深度合作，是有效应对版权挑战的新路径。这种合作模式能够整合双方资源，实现优势互补。一方面，平台可以利用集体管理组织的专业能力和广泛网络，更有效地进行版权登记、许可谈判、侵权监测及维权行动；另一方面，集体管理组织则能通过平台的数据支持和用户基础，更精准地服务创作者，提高版权保护效率。双方共同构建版权保护生态体系，为学术期刊作者提供更加全面、高效的服务。

总之，学术期刊版权保护是一项长期而艰巨的任务，需要学术期刊界、著作权集体管理组织、政府及社会各界的共同努力。通过多种方式，有效应对版权侵权问题，保障学术期刊内容的合法传播与作者权益，推动学术期刊行业的高质量发展，只有这样，才能有效地维护版权所有者的合法权益。学术期刊的版权保护是促进学术繁荣的重要保障之一。加强版权保护不仅可以确保学术成果的创新性和独特性，还能提高学术期刊的质量和影响力。通过宣传教育、完善版权保护制度、加强技术手段的应用、探索平台与著作权集体管理组织合作等措施，可以有效减少侵权行为的发生。同时，当侵权行为发生时，通过合理合法的途径进行投诉和维权也至关重要。只有形成全社会共同关注、共同参与的版权保护氛围，才能真正促进学术期刊的健康发展，为科技进步和社会进步做出更大的贡献。

二、知识共享与学术期刊发展

(一) 知识共享的概念及要素

1. 知识共享的概念

知识共享，是指个人或组织通过各种媒介和方式，对知识进行开放、交流、讨论和应用的过程。这一过程不仅限于书面资料的传递，更包括经验分享、技能传授、思想碰撞等多维度的互动。其核心在于通过知识的交互与融合，实现知识价值的最大化，进而促进个体成长、组织效能提升乃至社会整体进步。知识共享不仅是对现有知识的再分配，更是新知识、新思想诞生的"温床"。

2. 知识共享的要素

知识共享由知识、个体、组织以及手段四个要素构成。

(1) 知识：共享的基础与源泉。知识是知识共享活动的核心载体，它包括显性知识和隐性知识两大类。显性知识通常指那些易于表达、编码和存储的信息，如书籍、文章、数据等；而隐性知识则深藏于个体的经验、技能、直觉之中，难以直接传递，需要通过观察、模仿和实践来习得。在知识共享过程中，既要重视显性知识的系统化整理与传播，也要注重隐性知识的挖掘与转化，促进两者之间的有效融合，实现知识价值的最大化。

(2) 个体：知识的创造者与传播者。个体是知识共享活动的主体，无论是知识的创造者还是接受者，都扮演着不可或缺的角色。个体的学习态度、分享意愿、沟通能力等直接影响知识共享的效果。鼓励个体积极参与知识共享，需要建立激励机制，如表彰优秀贡献者、提供学习资源和发展机会等，以增强个体的内在动力。同时，培养个体的知识管理能力，如知识分类、整理、提炼等，也是提升知识共享效率的关键。

（3）组织：知识共享的平台与保障。组织作为知识共享的环境和支撑体系，其文化、结构、制度等因素对知识共享有着深远的影响。构建开放、包容、协作的组织文化，能够激发成员的分享意愿，减少知识壁垒；优化组织结构，促进跨部门、跨层级的沟通与合作，有助于知识的广泛传播与深度整合；建立健全的知识管理制度和激励机制，为知识共享提供制度保障，确保知识资源的有效利用。此外，组织还应积极搭建知识共享平台，如企业内部网络、知识管理系统等，为个体提供便捷的知识获取、交流与共创渠道。

（4）手段：知识共享的加速器。手段是实现知识共享的技术工具和方法论。随着信息技术的飞速发展，数字化、网络化、智能化的手段为知识共享提供了前所未有的便利。利用社交媒体、在线协作工具、人工智能等技术，可以打破时间和空间的限制，实现知识的即时传递与远程协作。同时，采用知识地图、专家系统、案例库等知识管理工具，可以系统化地组织和管理知识资源，提高知识检索和利用的效率。此外，培训和教育也是提升知识共享能力的重要手段，通过定期举办知识分享会、工作坊等活动，可以增强成员的知识共享技能和意识。

（二）知识共享在学术期刊中的应用

学术期刊作为知识传播的重要平台，发挥着越来越重要的作用。知识共享的理念已经深入人心，并在学术期刊中得到了广泛应用。下面将探讨知识共享在学术期刊中的应用，包括开放获取模式、作者共享和同行评审三个方面。

1. 开放获取模式：知识无界

开放获取模式是一种新型的学术期刊发表方式，越来越多的学术期刊开始采用这种模式。在这种模式下，作者可以选择将论文以免费的方式发表在学术期刊上，无须支付额外的费用。这种方式有助于提高学术期刊的可见度，吸引更多的读者和引用，进而提升学术期刊的影响力。

采用开放获取模式的学术期刊，能够让更多的读者和研究者方便地获取和利用论文，打破传统出版模式的限制。同时，开放获取模式也有助于提高学术期刊的学术声誉，吸引更多的优质稿件，形成良性循环。

2. 作者共享：知识的传播者

作为知识的传播者，作者在论文中发挥着重要的作用。鼓励作者在论文中注明参考文献，提供更多的资料来源和相关链接，以便读者可以进一步探索和阅读相关文献。这种做法有助于知识的扩散和传播。

作者在撰写论文时，应注重引用高质量的文献，提供全面的资料来源，以便读者了解更多相关领域的研究进展。同时，作者还可以在论文中加入相关链接，引导读者进一步探索和阅读相关文献，促进知识的传播和共享。

3. 同行评审：提高学术质量

同行评审是一种重要的学术质量控制机制，有助于提高论文的质量和可信度。采用开放同行评审机制，允许读者和潜在读者对论文进行评审和反馈，有助于提高论文的质量和可信度，同时有助于知识的传播和共享。

读者和潜在读者可以对论文进行匿名评审，提出建设性的意见和建议。这种评审机制有助于发现论文中的错误和不足之处，促进作者对论文进行改进和完善。同时，同行评审还有助于促进学术交流和合作，推动知识的发展和创新。

（三）知识共享与学术期刊创新

1. 内容创新

知识共享为学术期刊提供了丰富的素材，为内容创新提供了无限可能。首先，学术期刊可以借鉴和引用其他领域的优秀研究成果，以丰富学术期刊的内容。其次，知识共享促进了作者之间的交流与合作，他们可以共同探讨和研究某个主题，产生更多的新观点和新思路，从而推动学术期刊内容质量的提升。最后，知识共享也使学术期刊能够更好地关注全球范围内的热点问题，及时捕捉最新的研究成果，从而为读者提供更全面、更深入的学术信息。

2. 技术应用

知识共享也推动了学术期刊在技术应用方面的变革。首先，数字化技术的普及使得学术期刊能够更好地利用网络平台，实现学术期刊的在线出版和传播，使更多的人能够方便地获取和分享学术期刊内容。其次，大数据和人工智能技术的发展为学术期刊提供了更丰富的数据和工具，可以帮助学术期刊更好地分析读者的需求和行为，为读者提供更个性化的服务。此外，知识共享也促进了开放获取和开放版权等理念的应用，这些理念有助于降低学术期刊的出版成本，提高学术期刊的竞争力。

3. 推动学术交流

知识共享有助于推动学术交流，促进学术成果的传播和应用。通过知识共享，学术期刊可以与其他学术机构和学者建立更广泛的联系和合作，共同探讨和研究学术问题，促进学术交流和合作。此外，知识共享也使学术成果能够更好地被全球范围内的读者了解和利用，有助于推动学术研究的普及和发展。

4. 持续改进与创新

知识共享不仅是一种理念，也是一种持续改进和创新的过程。学术期刊应该不断探索新的知识和技术，以适应时代的发展和读者的需求。同时，学术期刊也应该注重与读者的互动和反馈，根据读者的需求和反馈来不断改进和创新。只有不断创新，才能使学术期刊在竞争激烈的市场中立于不败之地。

三、平衡版权保护与知识共享的策略

(一) 学术期刊版权政策的调整

在当今的知识经济时代，学术期刊作为传播学术成果的重要载体，其版权保护与知识共享之间的关系越发重要。为了在版权保护与知识共享之间找到一个平衡点，需要对学术期刊的版权政策进行调整。

（1）制定灵活的版权政策。根据学术期刊的性质和目标，制定既保护版权又促进知识共享的灵活政策。对于一些基础性、通用性的研究成果，可以采取开放获取模式，允许读者免费阅读和下载文章。而对于一些具有特定目的、需要保护知识产权的研究成果，则可以采取付费阅读模式。同时，学术期刊还可以考虑与其他学术机构或组织建立共享机制，实现知识共享。

（2）引入合理使用条款。合理使用条款是版权法中允许在特定条件下使用他人作品而不必获得许可或支付费用的条款。学术期刊可以在版权政策中引入此类条款，为读者提供一定的合理使用空间。例如，对于一些教学、研

究、评论等非商业目的的使用，读者可以在遵守相关规定的前提下，引用学术期刊中的文章。

（3）加强版权监管。学术期刊编辑部应设立专门的版权监管部门，负责监督和处理版权纠纷。同时，应建立举报机制，鼓励读者举报违反版权政策的行为。对于发现的侵权行为，应及时采取措施，维护学术期刊的合法权益。此外，学术期刊还可以与相关机构合作，共同打击盗版行为，维护学术生态的健康发展。

实施上述策略，有助于平衡学术期刊版权保护与知识共享之间的关系。一方面，灵活的版权政策可以保护学术期刊的知识产权，避免侵权风险；另一方面，合理的知识共享机制可以促进学术交流和知识传播，有助于提升学术期刊的影响力和学术价值。同时，引入合理使用条款和加强版权监管有助于提高读者对学术期刊的信任度和忠诚度，为学术期刊的长远发展奠定基础。

（二）版权纠纷的预防与解决

预防和解决版权纠纷是实现学术期刊版权保护与知识共享的关键。为此，可采取以下措施。

1.加强作者、编辑和出版机构的沟通

（1）作者在投稿时应明确说明其对版权的态度。如果作者愿意放弃版权，将作品公之于众，应清楚地说明这一点。同时，如果作者希望保留版权以进行后续使用或授权，也应明确说明。

（2）编辑部在接收稿件时，应仔细审查版权协议。如果版权协议不明确或存在问题，应拒绝接收稿件，或要求作者修改版权协议后再行投稿。

（3）出版机构应与作者保持密切沟通，及时解决潜在的版权问题。一旦出现版权纠纷，出版机构应迅速采取行动，以避免事态扩大。

2.建立版权纠纷解决机制

学术期刊出版机构可以设立专门的版权纠纷解决机制，如纠纷调解委员会或仲裁小组。该机制应遵循公正、公平、透明的原则，确保各方权益得到保护。此外，该机制还应具有一定的灵活性，能够适应不同的情况和需求。

3. 强化版权教育

提高作者、编辑和读者的版权意识是解决版权问题的关键。通过举办版权讲座、发放版权宣传资料等方式，可以增强大家对版权规则的理解和遵守。同时，鼓励读者在分享文章时注明来源，尊重他人的知识产权，也是非常重要的。

总而言之，平衡学术期刊版权保护与知识共享的策略需要采取一系列措施，包括加强沟通、建立纠纷解决机制以及强化版权教育等。在未来的工作中还需要进一步探索和研究更有效的策略和方法，以应对不断变化的版权环境和挑战。

（三）用户参与以及版权教育

在当今数字化时代，学术期刊作为学术交流的重要平台，面临版权保护与知识共享的双重挑战。为了在保护作者权益与促进学术交流之间找到平衡，学术期刊需要采取一系列策略。下面将探讨如何通过用户参与以及版权教育来实现这一平衡。

1. 开设版权教育专栏

学术期刊网站或官方社交媒体平台上开设版权教育专栏，是提高读者版权意识、普及版权基础知识、政策法规和维权途径的有效途径。专栏内容应简洁明了，避免过于复杂或晦涩难懂。此外，还可以通过案例分析、专家解读等形式，帮助读者更好地理解和应用版权知识。

2. 倡导合理使用

鼓励读者在学术交流中合理使用他人作品，是平衡版权保护与知识共享的关键。学术期刊应通过多种渠道宣传合理使用他人作品的重要性，如通过官方博客、新闻稿等途径，向读者传递正确的版权观念。同时，对于确实需要引用他人成果的情况，学术期刊应提供可靠的引用来源，以方便读者引用和尊重原作者的知识产权。

3. 建立用户参与激励机制

为鼓励读者积极参与学术交流，学术期刊可以设立积分、勋章等激励机制。通过举办线上讨论、学术沙龙等活动，吸引更多读者参与互动，共同推动学术进步。此外，学术期刊还可以考虑设立奖励机制，对积极参与学交流的读者给予一定的物质或精神奖励，以激发他们的积极性。

4.加强合作与分享

学术期刊可以与其他学术机构、组织或平台建立合作关系，共同推广版权教育。通过分享版权教育资源、开展联合活动等方式，扩大版权教育的覆盖面和影响力。此外，学术期刊还可以积极寻求与版权相关机构的合作，共同推动学术交流领域版权问题的解决。

5.定期评估与调整

为了确保版权策略的有效性，学术期刊应定期评估其执行情况，并根据评估结果进行调整和完善。这包括对版权教育专栏的内容质量、读者反馈等进行评估，以及对激励机制的有效性进行评估。根据评估结果，学术期刊可以调整激励机制、优化教育内容或寻求更有效的合作方式，以更好地满足读者的需求和期望。

6.技术手段的应用

为了更好地保护作者权益和促进知识共享，学术期刊还可以考虑利用技术手段来加强版权管理。例如，可以采用数字水印等技术对作品进行标记和跟踪，以便更好地管理版权归属和侵权行为。同时，学术期刊还可以利用区块链等新技术来提高版权管理的透明度和公正性，为作者和读者提供更便捷的版权查询和维权途径。

四、《草业学报》平衡学术期刊版权保护与知识共享的思考

（一）《草业学报》版权保护的思考

随着科技的发展和信息传播的日益迅速，学术期刊在传播和分享学术研究成果方面起着越来越重要的作用。然而，版权问题也逐渐显现出来。《草业学报》作为国内草业科学领域的核心学术期刊，有关其版权保护问题也值得关注和思考。

首先，需要明确版权的概念和重要性。版权是知识产权的一部分，创作者对其创作的作品享有专有权。对于学术期刊来说，版权的保护不仅关乎学术期刊的声誉和影响力，还关乎作者的权益。如果版权得不到有效保护，可能会导致抄袭、剽窃等不良行为的出现，进而影响学术研究的公正性和可信

度。《草业学报》版权保护涉及多个方面。首先,《草业学报》中的文章、图片、数据等都是作者的心血结晶,应该受到保护。其次,《草业学报》的编辑、排版、印刷等过程也需要得到版权保护。最后,《草业学报》的数字版权的保护也不容忽视,如网络传播、电子版发行等。

目前,《草业学报》在版权保护方面存在的问题主要包括两个方面:一是版权意识淡薄,二是版权管理不完善。一方面,部分作者、编委、审稿人等对版权的重要性认识不足,可能会无意中侵犯他人的版权。另一方面,《草业学报》在版权管理方面的制度不够完善,对于版权问题的监管和处罚力度不足。为了解决这些问题,可以采取以下措施:一是加强版权教育,提高全员的版权意识;二是完善版权管理制度,包括建立版权登记制度、审稿制度、举报制度等;三是加强版权监管、加大处罚力度,对于侵犯版权的行为要严肃处理,维护《草业学报》的合法权益。此外,还可以考虑引入第三方版权管理平台,如学术论文的查重系统等,以提供更全面的版权保护服务。在技术层面,《草业学报》可以探索使用数字水印、版权认证等技术手段来识别和保护版权。这些技术可以嵌入学报的数字出版物中,对侵权行为进行追踪和追溯。同时,《草业学报》还可以通过加强数字版权的管理和保护,确保数字版权的合法授权和合理使用。除了上述措施,《草业学报》还可以通过建立与其他学术期刊的合作机制,共同维护学术研究的公正性和可信度。例如,可以建立版权共享机制,对于一些共享性的研究成果,可以共同维护其版权,避免侵权行为的发生。

(二)《草业学报》知识共享的探索与思考

《草业学报》作为国内草业科学领域的权威学术期刊,一直以来致力于传播草业科学知识,推动学术交流。然而,随着信息时代的快速发展,知识共享的重要性日益凸显。下面将从学术期刊知识共享的角度出发,探讨《草业学报》在推动学术交流和知识传播方面的作用和意义。

1.《草业学报》知识共享的意义

在当今的学术环境中,知识共享已成为推动学术进步和创新的重要驱动力。尤其在草业科学领域,《草业学报》作为一份重要的学术期刊,其知识共享的意义深远。通过《草业学报》的知识共享,可以看到以下几点重要的意义。

（1）促进学术交流：知识共享是学术交流的桥梁。研究者通过《草业学报》的知识共享可以更方便地获取同行的研究成果，从而拓宽研究视野，促进学术交流。这份学术期刊为全球的草业科学的科学家提供了一个平台，让他们能够分享最新的研究进展，讨论关键问题，提出新的理论和方法。这种开放、透明的交流环境有助于推动草业科学的整体发展。

（2）提高研究质量：知识共享有助于提高研究效率与质量。知识共享还有助于减少草业科学方面的重复研究，提高研究效率，进而提高研究质量。当研究成果可以在第一时间被全球的同行知悉，新的研究思路和方法就能更快地传播开来，从而避免资源的浪费，减少无效的研究工作。同时，知识共享也能鼓励更多的研究者关注前沿问题，推动研究的深入进行。

（3）推动学科发展：知识共享有助于学科之间的交叉融合。知识共享还有助于推动草业科学学科与其他学科的交叉融合。随着研究的深入，草业科学已经不再是一个孤立的研究领域，而是与其他学科，如生物学、环境科学、农业科学等有着密切的联系。通过《草业学报》的知识共享，这些学科的研究者可以更方便地进行交流和合作，促进跨学科的研究和合作，推动草业科学学科的发展。

2. 当前《草业学报》在知识共享方面面临的问题与挑战

尽管《草业学报》在知识共享方面取得了一定的成绩，但仍存在一些问题和挑战。

（1）论文发表周期长。由于审稿、编辑、出版等环节需要时间，导致论文发表周期较长，影响知识传播的速度。

（2）论文质量参差不齐。由于审稿流程不够严格或存在主观因素，导致部分论文质量不高，影响知识传播的效果。

（3）缺乏有效的知识管理系统。目前《草业学报》缺乏有效的知识管理系统，导致知识管理效率低下，影响知识共享的效果。

3. 解决方案与未来展望

针对以上问题，《草业学报》可以从以下几个方面进行改进：

（1）优化审稿的流程。为了提高《草业学报》的学术质量和影响力，首先需要建立更加严格的审稿机制。这包括对论文的学术价值、创新性、实验设计、数据分析等方面的严格审查。其次，也需要加大同行评审的力度，确保审稿过程的公正性和客观性。这将有助于提高论文的质量，确保知识传播的质量。

（2）引入人工智能技术。人工智能技术可以为《草业学报》的知识共享带来巨大的便利。例如，可以利用人工智能技术自动化编辑、出版和审稿等环节，缩短论文发表周期。此外，人工智能还可以帮助我们分析论文的数据和趋势，为编辑和评审提供更有价值的参考。

（3）建立知识管理系统。为了实现知识的有序管理和高效传播，《草业学报》需要建立一个完善的知识管理系统。该系统应该能够将学术论文、研究数据、文献资料等进行分类管理，并提供便捷的检索和分享功能。此外，该系统还应该能够与学术期刊的在线平台无缝对接，实现知识的在线传播和共享。

未来，《草业学报》应继续关注学术前沿，不断探索新的知识共享模式，提高学术期刊的影响力和传播效果。同时，学术期刊应加强与国际知名草业科学学术期刊的合作与交流，提高国内草业科学研究的国际影响力。

(三)《草业学报》版权保护与知识共享的平衡策略

随着数字化和网络技术的发展，学术期刊的版权保护与知识共享之间的平衡问题日益凸显。作为草业科学领域的权威学术期刊，《草业学报》也需要面对这一问题。

1. 建立健全的版权法规

版权法规是保护知识产权的基础，也是实现知识共享的前提。《草业学报》应积极参与相关法律法规的制定和修改，确保学术期刊的版权得到充分保护。同时，应明确规定侵权行为的法律责任，为维权提供有力保障。此外，应建立完善的版权纠纷解决机制，为作者和读者提供便捷、公正、有效的纠纷解决途径。

2. 完善开放获取政策

开放获取政策旨在促进学术成果的广泛传播和使用，有利于提高学术期刊的影响力和声誉。《草业学报》应积极推动开放获取政策，鼓励作者在合适的时机将论文开放获取，以实现学术资源的最大化利用。同时，应建立合理的开放获取费用分摊机制，确保作者、编辑、出版商和读者等各方的利益得到保障。

3. 加强版权教育

加强版权教育是实现版权保护与知识共享平衡的重要手段。一方面，应加强对《草业学报》编辑、审稿专家和作者等人员的版权培训，提高他们的版权意识和法律素养，使其充分认识到尊重知识产权的重要性。另一方面，可以通过线上、线下的方式，开展广泛的版权宣传和教育活动，提高广大读者的版权意识。

4. 建立合理的利益分享机制

建立合理的利益分享机制是实现版权保护与知识共享平衡的关键。《草业学报》应充分考虑各方利益，包括作者、读者、出版商、审稿专家等，通过协商和谈判达成共识，建立合理的利益分享机制。例如，可以设立稿酬制度，根据论文的影响力和质量给予作者相应的稿酬；可以建立读者参与机制，通过问卷调查等方式了解读者对学术期刊的满意度和改进意见；可以与出版商合作，共同推动学术期刊的发展。

总之，《草业学报》要实现版权保护与知识共享的平衡，需要建立健全的版权法规、完善开放获取政策、加强版权教育以及建立合理的利益分享机制。只有这样，才能确保学术期刊的可持续发展，为草业科学领域的研究者和爱好者提供更好的学术交流平台。同时，《草业学报》还应积极探索新的版权模式和合作方式，以适应数字化和网络化的发展趋势，为学术期刊的创新发展提供更多可能性。

第四章 匠心精神与学术期刊的编辑和出版

第一节 匠心精神在《草业学报》编辑中的体现

一、选题环节的匠心精神

在学术期刊的编辑工作中，匠心精神的应用无处不在，尤其是在《草业学报》的出版过程中，这种精神得到了充分的体现。下面将详细阐述选题环节中匠心精神的应用及其对学术期刊发展的重要性。

选题，作为学术期刊的核心，直接影响学术期刊发展的方向。在《草业学报》的出版过程中，编辑深知这一点，他们充分运用匠心精神，对各种草业科学领域的研究成果进行深入挖掘和提炼，力求选出具有前瞻性、创新性和实用性的研究主题。他们不仅关注最新的研究成果，还注重对未来草业科学发展趋势的预测，以确保学术期刊的学术价值和影响力。

首先，匠心精神体现在对研究主题的深入挖掘上。编辑不仅对现有的草业科学研究成果进行全面的了解和分析，还积极与相关领域的专家学者进行交流，获取最新的研究动态和趋势。通过这种方式，他们能够敏锐地发现具有潜力的研究主题，并将其提炼出来，形成学术期刊的选题。

其次，匠心精神还体现在对选题的创新性追求上。编辑鼓励研究者提出新颖、独特的观点和方法，以期推动草业科学领域的研究向前发展。他们不仅关注研究成果的表面价值，更注重挖掘其背后的科学思想和创新精神，以提升学术期刊的学术水平。

最后，实用性的追求也是匠心精神在选题环节中的重要体现。编辑不仅关注理论研究的成果，也重视实际应用的研究。他们积极寻找那些能够解决实际问题、具有实际应用价值的研究成果，将其纳入学术期刊的选题中，以提升学术期刊的学术价值和影响力。

《草业学报》的编辑用他们的匠心精神，为学术期刊的发展树立了榜样，也为草业科学领域的研究者提供了宝贵的学术资源和平台。期待着他们在未来的工作中，能够继续发扬这种精神，为学术期刊的发展和草业科学领域的研究做出更大的贡献。

二、策划环节的匠心精神

在学术期刊的浩瀚海洋中，《草业学报》以其独特的匠心精神独树一帜，成为学术界的璀璨明星。这份学术期刊的成功，源于其精心策划的每一个环节，从栏目设置、文章篇幅、版面设计，到对文章质量的把控和可读性的追求，都体现出一种卓越的匠心精神。

首先，在栏目设置上，《草业学报》独具匠心。编辑深知，好的栏目设置能够吸引研究者的关注，激发他们的投稿热情。因此，编辑精心设计了一系列具有深度和广度的栏目，涵盖了草业科学领域的各个方面，为研究者提供了丰富的学术资源。

其次，在文章篇幅上，《草业学报》也独具匠心。编辑深知，过长的文章可能会让读者失去阅读的兴趣，而过短的文章则可能无法充分展示研究者的成果。因此，他们严格控制文章篇幅，力求每一篇文章都能既充分展示研究成果，又保持易于阅读的篇幅。

最后，在版面设计上，《草业学报》也表现出独特的匠心。编辑追求的是简洁、明快、易读的版面风格，同时注重图片、表格和文字的搭配，力求通过精美的视觉效果，吸引读者的眼球。

当然，高质量的文章是学术期刊的生命线。《草业学报》的编辑深知这一点，因此他们不仅注重文章的质量和水平，更关注文章的可读性和趣味性。他们努力让每一篇文章都能吸引读者的眼球，让读者在阅读的过程中，既能感受到学术的严谨和深度，又能享受到阅读的乐趣。

《草业学报》策划环节的匠心精神体现在每一个细节中。编辑精心设计每一期的内容，注重文章的质量和水平，同时也关注文章的可读性和趣味性。这种精神使《草业学报》成为充满活力和创新的学术期刊，吸引了无数研究者的关注和投稿。这种精神也为其他学术期刊提供了有益的借鉴和启示。

三、组稿环节的匠心精神

在《草业学报》的编辑工作中，组稿是至关重要的一环。在这个环节中，学术期刊编辑发挥匠心精神，通过与作者积极的沟通，精准地寻找和吸引合适的稿件，为《草业学报》打造一流的学术品质。

（一）组稿是学术期刊质量的保障

在学术期刊的生态系统中，组稿环节的重要性不言而喻。它不仅关乎学术期刊的学术质量和影响力，更是学术期刊品牌建设的关键环节。在《草业学报》的组稿过程中，编辑以严谨的态度和专业的眼光，确保每一篇稿件的质量和水平。他们不仅关注稿件的研究深度和广度，还注重稿件的创新性和实用性，确保学术期刊的学术价值和影响力。

（二）匠心精神在组稿过程中的体现

《草业学报》的编辑充分发挥匠心精神，积极与作者沟通，了解作者的研究方向和成果，寻找合适的作者进行组稿。他们不仅关注稿件本身，更关注作者的学术背景和研究实力，以及研究方法和成果的推广价值。正是这种精益求精的精神，使《草业学报》在学术界享有盛誉。

1.创新的组稿策略

为了应对日益激烈的学术竞争，编辑不断探索新的组稿策略。他们积极与相关领域的专家、学者、研究人员建立联系，通过多种渠道获取最新的研究成果和学术动态。同时，他们还积极寻求与国内外知名高校、研究机构、企业等合作，共同推动草业科学领域的学术交流和合作。

2.注重实用性和影响力

编辑在《草业学报》的组稿过程中注重稿件的创新性和实用性。他们鼓励作者关注草业科学领域的实际问题，提出具有创新性的解决方案，从而推动草业科学领域的发展。同时，他们还积极推广《草业学报》的品牌和影响力，通过多种渠道扩大学术期刊的传播范围。

编辑在《草业学报》的组稿环节中充分发挥匠心精神，注重稿件的质量和水平，同时也关注稿件的创新性和实用性。正是这种精益求精的精神和创新的组稿策略，使《草业学报》期刊在学术界享有盛誉，成为草业科学领域的重要学术交流平台。未来，《草业学报》将继续秉承匠心精神，为推动草业科学领域的发展做出更大的贡献。

四、审稿环节的匠心精神

在学术期刊的众多环节中，审稿无疑是至关重要的核心环节。《草业学报》期刊的编辑以匠心精神，认真审核每一篇稿件，以确保稿件的质量和水平。他们不仅注重对稿件的创新性、实用性和科学性的审查，同时也关注稿件的格式和语言表达，以确保学术期刊的学术价值和可读性。

（一）创新性审查：激发科研新火花

《草业学报》期刊的编辑深知，科研的核心在于创新。因此，他们不仅对稿件的内容进行深入审查，还会关注其研究方法和思路的创新性。他们鼓励作者提出新颖的观点，探索新的研究领域，以此激发科研的新火花。他们在审稿过程中会仔细阅读每一篇稿件，确保其创新性得到充分体现。

（二）实用性审查：理论联系实际

实用性是学术研究的重要价值之一。在《草业学报》期刊的审稿过程中，编辑会审查稿件是否具有实际应用价值，能否为相关领域提供切实可行的解决方案。他们鼓励作者将研究成果应用于实际生产中，推动科研成果的转化和应用。

（三）科学性审查：严谨求实

科学性是学术期刊的生命线。《草业学报》期刊的编辑在审稿过程中对稿件的科学性进行严格审查，确保其数据、实验方法、结论等方面的真实性、准确性和可靠性。他们要求作者提供完整的实验过程和数据，以便他们能够准确评估稿件的科学价值。

（四）格式和语言表达审查：提升可读性

除了对稿件内容进行审查，《草业学报》期刊的编辑还关注稿件的格式和语言表达。他们要求作者遵循学术期刊的投稿指南，确保稿件的格式规范、内容清晰易懂。同时，他们也会对稿件的语言表达进行审查，确保其准确、流畅，以便读者能够轻松理解。这些细致的工作保证了学术期刊的学术价值和可读性，提高了学术期刊的影响力。

（五）透明度与公正性：坚守学术底线

《草业学报》期刊编辑在审稿过程中坚守透明度和公正性原则。他们公开审稿流程，让作者和读者了解每篇稿件的审稿进度和结果。同时，他们尊重每位作者的成果，保护其知识产权，避免出现抄袭或剽窃等学术不端行为。这种公正性原则不仅增强了学术期刊的公信力，也促进了学术界的诚信建设。

（六）反馈与建议：助力作者提升稿件质量

《草业学报》期刊编辑在审稿过程中会给予作者及时、详细的反馈和建议。编辑会指出稿件中的优点和不足，提出修改意见和建议，帮助作者提升稿件质量。这种反馈机制不仅有助于作者改进稿件，也有利于提高学术期刊的整体质量。

在《草业学报》的组审稿环节中，编辑以匠心精神，确保了稿件的质量和水平。他们注重对稿件的创新性、实用性和科学性的审查。这种严谨、细致、公正的工作态度和反馈机制，不仅为学术期刊赢得了信誉和影响力，也为学术界树立了良好的榜样。

五、定稿环节的匠心精神

在《草业学报》期刊编辑的链条中，定稿环节作为成果转化的关键一环，不仅是对科研成果质量的严格把关，更是匠心精神得以彰显的舞台。

《草业学报》深知，创新是推动学科发展的不竭动力。因此，在定稿过程中，编辑部会特别关注那些具有新颖观点、独特视角或突破性发现的稿件，鼓励并支持科研人员勇于探索未知领域。同时，对于原创性的严格审查，也避免了学术不端行为的发生，维护了学术界的纯洁与尊严。这种尊重原创、鼓励创新的做法，不仅是对匠心精神的传承，更是对科研精神的最高致敬。

在定稿的后期处理中，匠心精神同样体现在编辑工作的每一个细微之处。从论文格式的规范统一、语言表达的精练准确到图表的清晰美观，编辑都力求做到尽善尽美。他们深知，一篇优秀的学术论文，不仅要有扎实的研究内容和创新的观点，还需要在形式上给人以美的享受。因此，他们不厌其烦地反复校对、修改，确保每一篇论文都能以最佳的面貌呈现在读者面前。这种对细节的不懈追求，正是匠心精神的体现，也是《草业学报》品质保证的重要基石。

匠心精神在《草业学报》期刊定稿环节中的体现，不仅仅是对科研成果质量的高标准要求，更是一种对学术研究的敬畏之心和对知识传播的责任感。它激励着每一位参与其中的科研人员、审稿专家和编辑人员，以更加严谨的态度、更加创新的思维、更加精细的工作，共同推动草业科学领域的繁荣发展。

六、编辑加工环节的匠心精神

在学术期刊的出版流程中，编辑加工环节是至关重要的一个环节。它不仅关乎学术期刊的整体质量，更是对作者研究成果的尊重和保护。

编辑加工并非简单的文字校对或语法修正，而是一种对学术严谨性的深度理解和尊重。编辑在这个过程中运用匠心精神，对每一篇稿件进行精细加工和润色，以确保稿件的科学性、准确性和可读性。他们不仅注重对文字、语法、逻辑等方面的审查和修改，同时也关注文章的结构和表达方式，力求让每一篇稿件都能达到最佳的学术水平和表现效果。

无论稿件的质量如何，编辑都会以同样的专注和热情去处理。他们深知，每一个字、每一句话都可能蕴含着重要的学术信息，因此他们一丝不苟地审查每一篇稿件，确保其准确性和清晰度。此外，他们还会根据稿件的内容和特点，提出建设性的修改意见和建议。这些意见和建议不仅有助于提升稿件的质量，还能为作者提供有益的反馈，帮助他们改进未来的研究工作。这种对学术研究的深度参与和关注，正是《草业学报》编辑匠心精神的体现。

《草业学报》期刊编辑加工环节的匠心精神，不仅提升了学术期刊的整体质量，也为作者提供了更专业、更精准的学术出版服务。这种精神不仅体现了他们对学术研究的尊重和热爱，也展示了他们作为编辑的职业素养和责任担当。在未来的学术出版工作中，期待更多的期刊编辑能够秉持这种匠心精神，为提升学术期刊的整体质量和影响力贡献力量。因为只有每个人都用心去做好每一篇稿件的编辑加工工作，才能真正推动学术研究的进步和发展。

七、校对环节的匠心精神

在《草业学报》的出版流程中，校对环节是至关重要的最后一道关口，它不仅是对学术期刊印刷质量的最后保障，更有助于学术期刊质量的全面提升。

校对是学术期刊出版流程中不可或缺的一环，它旨在发现并纠正文章中的错误，确保语言的准确性和清晰度。对于《草业学报》这样的专业学术期刊来说，校对环节的重要性更为凸显。因为在这里，每一个字、每一句话、每一张图都可能对科研成果的表达产生影响。

《草业学报》的编辑在校对过程中，展现出了极高的专业素养和严谨的工作态度。他们认真细致地检查每一篇文章、每一张图片，确保学术期刊的印刷质量和视觉效果。他们不仅注重对错别字、标点符号、格式等方面的校对和修正，还关注版面设计和排版是否合理，力求每一期学术期刊都能带给读者最佳的阅读体验。

在错别字和标点符号的校对方面，编辑不仅依赖自身的语言敏感度，还会借助专业的校对工具，确保学术期刊内容的准确性。同时，他们也重视图片的校对，确保图片的清晰度和准确性，避免因图片问题导致的理解误差。在格式校对方面，他们关注文章的行文规范、引用格式、图表布局等细节，确保学术期刊符合规范要求。

版面设计和排版也是校对环节的重要内容。编辑会根据学术期刊的风格和主题，合理安排文章的位置和大小，使版面布局既美观又实用。同时，他们还会关注文字和背景的对比度，以确保阅读的舒适性。此外，他们还会根据读者的阅读习惯和设备屏幕的大小，调整字体大小和排版风格，使学术期刊在各种阅读环境下都能保持良好的视觉效果。此外，《草业学报》的编辑还注重对文章内容的深度校对。他们不仅关注表面上的错误和问题，还积极与作者沟通，了解文章的背景和目的，以便更好地理解文章内容，并提出有针对性的建议和修改意见。这种深度校对的方式，不仅能提高学术期刊的质量，还能加强作者与编辑、作者与读者之间的交流和互动。

《草业学报》在校对环节中展现出了极高的匠心精神。他们的专业素养和工作态度，确保了学术期刊的印刷质量和视觉效果，为读者提供了最佳的阅读体验。正是他们的努力和付出，提升了学术期刊的质量。

第二节　匠心精神在《草业学报》出版中的实践

一、印刷环节的匠心精神

《草业学报》的编辑以其独特的匠心精神，以纸张选择和装帧设计为切入点，展示了其对学术品质的尊重和追求。编辑就像一位细心的工匠，将每一环节都打磨得精致无比，从而打造出一份兼具艺术性和实用性的学术期刊。

首先，关于纸张的选择。《草业学报》选择的是高质量的纸张，以确保印刷效果清晰、颜色鲜艳。这种纸张质地坚韧，吸墨性强，使得每一篇文章都能以最佳的状态呈现在读者面前。不仅如此，这种纸张还能有效减少油墨渗透，延长学术期刊的使用寿命，使每一次翻阅都能感受到编辑对《草业学报》的那份精心呵护。

其次，在装帧设计上，《草业学报》更是独具匠心。学术期刊的设计师们注重艺术性和实用性的结合，使之既美观大方，又方便读者携带和阅读。整体设计风格简约而不失大气，配色协调，既能体现学术的严谨，又能展现艺术的美感。每一个细节都经过精心打磨，从版式到封面，都反映出学术期刊对读者体验的关注和尊重。

这一切，都体现出《草业学报》对学术品质的尊重和追求。编辑深知，一份高质量的学术期刊不仅要有优秀的文章内容，还要有出色的印刷质量和精美的装帧设计。他们以实际行动，诠释了"匠心精神"，不仅关注文章的质量，也关注每一个细节，从而打造出一份真正优秀的学术期刊。

二、推广环节的匠心精神

一份学术期刊的成功，不仅仅取决于其内容的质量，也取决于其推广环节的匠心精神。《草业学报》正是这样一份充满匠心精神的刊物，其推广环节彰显出对学术的尊重和追求。

（1）精准定位，明确目标读者。这份学术期刊关注草业科学领域的最新研究成果，为广大的草业科学研究者提供一个交流的平台。学术期刊通过精准的宣传和推广，确保目标读者能够第一时间了解并接触到学术期刊的内容。

（2）不断创新，拓宽传播途径。为了扩大与行业内的交流和合作，《草业学报》采取了多元化的推广方式。首先，他们通过线上线下的学术会议、研讨会等活动，加强与行业内专家学者的联系和交流。其次，他们积极利用社交媒体、网络平台等媒体手段，扩大学术期刊的知名度以及影响力。此外，他们还与相关行业协会、研究机构建立合作关系，共同推广《草业学报》期刊。

通过《草业学报》的推广，学术成果得以更广泛的传播和应用。这不仅有助于提高该领域的整体水平，还有利于增强该领域的竞争力。一方面，更多的研究者能够了解并参与到草业科学领域的研究中来，共同推动该领域的发展。另一方面，通过学术成果的共享和推广，《草业学报》也赢得了更多的认可和关注，为其在学术界的地位奠定了坚实的基础。

值得一提的是，在《草业学报》的推广环节中，始终贯穿着一种精益求精的精神。这种精神体现在对每一个细节的处理上，无论是刊物的设计、排版，还是宣传材料的制作，都力求做到最好。这种匠心精神不仅提升了刊物的品质，也赢得了广大读者的好评。

《草业学报》的推广环节充满了匠心精神。这份学术期刊以其精准的定位、多元化的推广渠道、精益求精的品质追求和与读者的良好互动，赢得了广大读者的信任和支持。这样的推广策略和匠心精神，正是《草业学报》能够持续发展的重要原因。

三、发行环节的匠心精神

《草业学报》通过多种渠道进行发行，包括纸质版、电子版和网络版，同时积极开展各种推广活动，如学术研讨会、作者交流会等，加强与读者的互动和沟通。这些举措不仅扩大了学术期刊的影响力，也提高了学术期刊的知名度和美誉度。

发行的每一个环节，我们都能看到匠心精神的体现。这种精神体现在对过去工作的总结和反思中。《草业学报》的发行团队定期回顾和总结发行过程中的经验和教训，不断改进发行环节中的不足之处。他们积极探索新的发行方式和手段，以适应不断变化的市场需求和读者品味。例如，引入电子版和网络版的发行方式，使学术期刊能够更方便地被读者阅读和分享。

四、数字化转型中的匠心精神

在当今数字化飞速发展的时代，《草业学报》也在积极寻求自身的数字化转型。在这场转型过程中，不仅有科技的进步，还有无数工作人员坚守岗位、精心制作、不断创新的精神，这就是匠心精神。

首先，数字化转型为《草业学报》带来了新的机遇和挑战。期刊编辑积极拥抱新技术，利用数字化工具提高工作效率。他们精心挑选稿件，认真审稿，确保每一篇论文的质量。这种精益求精的态度，就是匠心精神的体现。

其次，《草业学报》在数字化转型过程中注重用户的需求。学术期刊团队不断探索新的数字传播方式，例如建立网络平台、发布电子版等，使更多的人能够方便快捷地获取学术期刊内容。同时，他们还通过数据分析和用户反馈，不断优化服务质量，以满足读者多元化的需求。

然而，转型并不意味着摒弃传统。《草业学报》始终坚持传承匠心精神，对每一篇论文的审稿、排版、印刷等环节都力求做到最好。这种坚守传统的精神，也正是匠心精神的另一个重要组成部分。在数字化转型的过程中，学术期刊团队依然坚守着对学术质量的追求，坚持为读者提供高质量的学术内容。

数字化转型是学术期刊发展的必然趋势，而匠心精神则是学术期刊发展的灵魂。在《草业学报》的数字化转型过程中，有无数工作人员的坚守和努力，他们用匠心精神为学术期刊的发展注入了新的活力。

《草业学报》的数字化转型是一个充满挑战和机遇的过程。学术期刊团队对学术质量的坚守、对用户需求的关注，以及对传统文化的传承，这些都是匠心精神的体现。而正是这种精神，让《草业学报》学术期刊在数字化的大潮中保持了自己的特色和优势，也为学术期刊的发展提供了新的思路和方向。

第三节　匠心精神对学术期刊编辑与出版行业的启示

在现代社会，学术期刊编辑与出版行业正面临着前所未有的挑战和机遇。在这个充满竞争的环境中，匠心精神对于学术期刊编辑与出版行业的发展具有重要的启示作用。

一、匠心精神对期刊编辑的启示

匠心精神是一种追求卓越、精益求精的精神，它不仅适用于各行各业，也适用于学术期刊编辑这个职业。作为一名学术期刊编辑，应该从匠心精神中汲取启示，不断提高自己的专业素养，注重细节，增强责任心，建立良好的人际关系，为学术期刊的发展贡献自己的力量。

（一）提高专业素养

匠心精神要求学术期刊编辑不断提高自己的专业素养，不断学习和掌握新的知识和技能，以适应学术期刊发展的需要。作为学术期刊编辑，需要不断更新自己的知识体系，了解最新的学术动态和研究前沿，以便更好地为作者和读者服务。此外，还需要具备一定的学科背景和专业知识，以便更好地理解稿件的内容和价值，为稿件的审查和编辑提供更好的建议和指导。

（二）注重细节

匠心精神要求学术期刊编辑注重细节，从论文的标题、摘要、关键词、正文到参考文献等各个方面进行严格的审查和编辑，确保论文的质量和准确性。学术期刊编辑需要认真对待每一篇稿件，从字句推敲到格式规范，都需要认真细致地审查和编辑。

(三) 增强责任心

匠心精神要求学术期刊编辑增强责任心，对自己的工作负责，对作者和读者负责。学术期刊编辑需要对自己的工作认真负责，确保稿件的审稿和编辑质量，为作者和读者提供更好的服务。同时，还需要对作者和读者的反馈和建议进行认真分析和处理，以便更好地改进工作。

(四) 建立良好的人际关系

匠心精神要求学术期刊编辑建立良好的人际关系，与作者、读者、同行等保持良好的沟通和合作关系。学术期刊编辑需要与作者保持良好的沟通和合作关系，了解他们的需求和想法，为他们提供更好的服务和指导。同时，还需要与读者保持良好的沟通和互动，了解他们的阅读体验和反馈意见，以便更好地改进工作。此外，需要与同行保持良好的合作关系，共同探讨学术问题和发展趋势，为学术期刊的发展创造良好的环境。

二、将匠心精神应用于编辑工作中的策略

编辑工作的重要性不言而喻。为了在竞争激烈的市场中脱颖而出，学术期刊编辑需要充分发扬匠心精神，不断提高自身的专业素养和创新能力。以下是在编辑工作中发扬匠心精神的策略。

(一) 制订明确的工作计划和目标

制订明确的工作计划和目标是编辑工作的第一步。学术期刊编辑需要根据学术期刊的整体发展方向和目标，以及市场需求，制订具体的工作计划和目标。这个计划和目标需要尽可能量化，具有可执行性和可衡量性。在执行的过程中，学术期刊编辑还需要根据实际情况进行调整和改进，以确保工作的顺利进行。

(二)注重团队合作

编辑工作需要与其他部门紧密合作,包括作者、审稿专家、排版设计人员等。为了确保工作的顺利进行,学术期刊编辑需要注重团队合作,与同事之间保持良好的沟通和合作关系。此外,团队成员之间应该经常交流工作经验和方法,共同为学术期刊的发展贡献力量。通过团队合作,可以提高工作效率和质量,同时也能够提高团队的凝聚力和向心力。

(三)发掘作者资源,确保优质稿件来源

发掘优质作者资源是编辑工作的重要一环。学术期刊编辑需要积极与各领域的专家、学者、行业精英建立联系,了解他们的研究方向和成果,并邀请他们投稿。同时,学术期刊编辑还需要关注行业动态,及时了解新的研究成果和技术进展,以便及时将相关稿件纳入学术期刊的出版计划中。此外,学术期刊编辑还需要对投稿者的资格进行严格把关,确保所投稿件符合学术期刊的出版要求和质量标准。

(四)提高稿件处理效率和质量

学术期刊编辑在处理稿件时需要充分应用匠心精神,提高稿件处理效率和质量。首先,编辑需要对稿件进行初步筛选,根据学术期刊的出版要求和质量标准,对稿件进行分类和初步判断。对于不符合要求的稿件,需要及时告知作者并退稿。对于符合要求的稿件,则需要进一步审查和修改。编辑需要与作者保持密切联系,及时沟通修改意见和建议,以确保稿件的质量符合学术期刊的出版要求。

(五)关注读者需求,提高学术期刊质量

学术期刊的质量是学术期刊的生命线。为了提高学术期刊的质量,学术期刊编辑需要关注读者的需求和反馈。通过与读者的互动和交流,了解读者的阅读习惯和兴趣爱好,以便更好地把握学术期刊的定位和发展方向。同时,学术期刊编辑还需要不断改进和创新,提高学术期刊的品质和影响力。学术期刊编辑需要充分发扬匠心精神不断追求卓越和创新,为读者提供高质量的阅读体验。

总之，在编辑工作中发扬匠心精神是提高工作效率和质量的关键。通过制订了明确的工作计划和目标、注重团队合作、发掘作者资源、提高稿件处理效率和质量以及关注读者需求等策略，学术期刊编辑可以更好地应对各种挑战和问题，为学术期刊的发展贡献力量。

三、匠心精神对出版行业的启示

在出版行业，匠心精神发挥着重要的作用。它不仅是一种工作态度，更是一种追求卓越、精益求精、注重创新和热爱责任的精神。这种精神不仅影响着出版物的质量，也影响着整个出版行业的氛围和发展。

（1）追求卓越。匠心精神要求追求卓越，不断超越自我。在出版业，这意味着要不断提高编辑、校对、设计等各个环节的水平，打造出更好的出版物。作为出版人，必须时刻保持敏锐的洞察力，关注行业发展趋势，不断提升自身的专业素养。以读者为中心，努力打造具有影响力的出版品牌，提供有深度、有价值的书籍，以满足读者日益增长的精神文化需求。

（2）精益求精。匠心精神要求对待工作要精益求精，追求完美。在出版业，这意味着要认真对待每一本书稿，仔细审查每一个细节，确保出版物的质量和准确性。应以严格的标准对待每一本书稿，从标题、摘要、正文到参考文献，都要进行细致入微的审查。同时，还应注重与作者的沟通，了解他们的创作意图，确保出版物能够真实、准确地传达作者的思想。

（3）注重创新。匠心精神鼓励创新思维，不断探索新的方法和途径。在出版业，这意味着要敢于尝试新的表现形式和传播手段，以满足读者日益多样化的需求。随着数字技术的快速发展，出版行业面临前所未有的机遇和挑战。作为出版人应积极拥抱新技术，探索数字化、网络化、智能化的出版模式，打造具有特色的数字阅读产品，以满足读者在信息获取和阅读方式上的新需求。

（4）热爱负责。热爱自己的工作，并对工作负责。在出版业，这意味着要有对书籍的敬畏之心，认真对待每一位作者和读者，为他们提供高质量的阅读体验。作为出版人应以书籍为生命，以读者为重。要尊重作者的创作成果，为他们提供良好的出版环境；要关注读者的需求，为他们提供有营养、有价值的书籍；要对自己的工作负责，确保出版物的质量和信誉。

四、匠心精神应用于出版的策略

在当今竞争激烈的出版行业中，匠心精神无疑是一种至关重要的品质。它不仅关乎对工作的热爱和专注，更体现在对细节的关注、对创新的鼓励以及对持续学习的追求上。这样的精神不仅能使出版人在面临挑战时保持冷静，还能帮助他们以更具创意的方式推动行业发展。

（一）培养敬业精神

首先，出版人需要培养敬业精神。这种精神应体现在对作品的认真研究和深入理解上，也体现在对读者需求的敏感度和满足这些需求的决心上。出版人应把每一次出版活动都看作对文化的传承，无论是一本畅销书还是一本小众读物，都应该用最专业的态度去对待。通过这种敬业精神，出版人能建立起与读者之间的信任，也能更好地引导和满足他们的阅读需求。

（二）注重细节

注重细节是匠心精神的另一个重要方面。细节决定成败，这句话在出版业同样适用。从书名、封面设计到版式、字体，每一个细节都可能影响一本书的销售和受欢迎程度。因此，出版人需要对每一个细节深思熟虑，以实现最佳的阅读体验。同时，对细节的关注也能让读者感受到尊重和用心，从而提高他们对品牌的认同度。

（三）鼓励创新

创新是出版业保持活力的关键。传统的出版方式可能会限制读者群体的扩大，而新颖的出版方式则可能带来新的市场机遇。出版人需要鼓励创新，包括内容的创新、形式的创新和营销的创新。可以尝试引入新的作者群体，探索新的内容形式，甚至可以尝试在线销售、电子书等新兴的出版方式。通过鼓励创新，出版人可以保持对市场的敏感度，从而更好地满足读者的需求。

（四）持续学习

在快速发展的数字时代，持续学习是出版人保持竞争力的必要条件。他们需要不断学习新的科技、新的阅读习惯、新的市场趋势，以便更好地适应变化的市场环境。此外，他们还需要不断更新自己的知识体系，了解最新的出版趋势和技巧，以便更好地指导编辑和设计师的工作。通过持续学习，出版人可以提高自己的专业素养，提升自己在行业内的地位，从而更好地服务于读者和市场。

匠心精神是出版业成功的关键。它要求出版人具备敬业精神、注重细节、鼓励创新并持续学习。通过这些策略的实施，出版人可以更好地满足读者的需求，提高自己的竞争力，并在竞争激烈的市场中取得成功。在未来的出版业中，只有那些真正具备匠心精神的出版人，才能在这个行业中立足并取得成功。

五、学术期刊编辑匠心精神的自我培养策略

（一）爱岗和敬业

学术期刊具有记录、精练、保存、传播的基本功能，同时学术期刊又传承着人类文明，荟萃科学发现，引领科技发展，直接体现国家的科技竞争力和文化软实力。要培养编辑的工匠精神，首先要对自己职业有高度的认知，纵观我国编辑出版史，清代编撰《四库全书》的纪晓岚等人、近代邹韬奋先生、叶圣陶先生、张元济先生等一大批出版家，均是编辑出版史上值得编辑同人学习的榜样人物。要把匠心精神奉为职业信仰，培养对编辑工作的认知、专注和敬业的精神。选择了编辑工作，就是选择了一种默默无闻的生活，踏实地工作并热爱它。只有在自己喜爱的工作中，才能发挥自己的能力并全身心投入，在编辑工作中发掘对此职业的乐趣与爱好，主动去探索和实践，在工作中得到内心的充实，这也是匠心精神中敬业的重要体现。

（二）强大自身，提高职业技能

学术期刊对敏感内容的政治把关任务越来越重，作为稿件政治方向的

把关人，学术期刊编辑应主动学习国家的方针政策、出版行业的法律法规，尤其是要注意学术期刊出现的地图中关于领土、海域的标记等类似的敏感内容。每年要按照规定参加学术期刊编辑业务培训班，与具有丰富的编校经验的资深编辑和同行多沟通与交流，学习先进的办刊理念。通过观摩学习，可以促进自身发展，并有效提升工作质量。

同时要加强自身专业学习，把好稿件的学术质量关。学术期刊的专业性较强，对编辑的学科专业知识提出了更高的要求。首先是要关注同行业的国内外优秀科研团队和优秀学术期刊，熟悉研究方向和专家团队，关注与了解优秀学术期刊的出版现状和创新点。同时，可以通过参加学术会议来了解最新研究进展及动态，在与专家、编委建立联系的同时，又可以面对面约到优质稿件。

（三）树立新思维，掌握新能力

学术期刊编辑既要能掌握文章的精髓，又要直面稿件文字的细枝末节。在学术期刊的编辑出版工作中，互联网、媒体融合、云计算等新媒体技术已逐渐被应用，在不断提高自身素养的同时，要通过学术期刊网络的大数据分析，将新媒体技术渗透到实际工作中，除展现文字、表格、图片等传统的学术期刊内容外，还应增加视频、音频等内容，要善于运用网络化如微信平台等进行宣传和推广。

（四）完善职业规划

从事编辑工作的大多数是硕士、博士研究生，有着较为深厚的专业背景，但是随着知识更新速度的不断加快，学习充电成为编辑工作之余的首要任务，只有不断提高自身的文化素养，才能更好地与作者进行学术交流。深刻总结工作中的细节并进行思考，积极撰写优秀论文，不仅有利于提高编辑的业务水平，更能以作者的身份换位思考，主动申请科研课题，完善职业规划。要积极应对并紧跟新媒体时代发展，培养计算机操作能力、信息检索能力和多媒体转换能力，争做具有本学科领域和编辑学领域的专业素养学者型编辑。

后　记

在探索学术期刊编辑与出版的过程中，我见到无数编辑以文字为画笔，以学术期刊为画布，将思想与知识交织成一幅幅美丽的画卷。在此，我不禁感叹于他们的专业素养，更对他们无私奉献的精神深感敬意。

作为草业科学领域内的重要交流平台，《草业学报》不仅承载着传播新知、促进学术进步的重任，更是编辑团队智慧与汗水的结晶，展现了他们对科学严谨性的不懈追求和对草业科学未来发展的深切关怀。《草业学报》的每一次出版，都是对草业科学领域知识边界的勇敢探索，是编辑团队与广大作者、读者共同编织的知识之网，不断拓宽着人类认知的边界。我见证了编辑如何在浩如烟海的学术成果中挑选出最具创新性、前瞻性和实用价值的论文；也目睹了他们如何在保证学术质量的同时，不断创新出版形式，利用现代信息技术提升传播效率，让科研成果更快更好地服务于社会经济发展。这种既坚守传统学术规范，又勇于拥抱时代变革的精神，正是《草业学报》能够历久弥新、引领潮流的关键所在。

展望未来，随着全球草业科学研究的不断深入和跨学科融合的加速，《草业学报》面临前所未有的机遇与挑战。我期待编辑团队能够继续秉承匠心精神，深化与国内外学术界的交流合作，拓宽研究领域，提升学术期刊的国际影响力；同时，积极探索数字化转型的新路径，利用大数据、人工智能等先进技术，为作者提供更加个性化的服务，为读者打造更加便捷、高效的学术获取体验。

在此，我向所有为《草业学报》付出辛勤努力的编辑、作者及支持者表示衷心的感谢。正是有了你们的共同努力，才使这份学术期刊成为草业科学领域的一盏明灯，照亮了学术探索的道路，引领着行业向更高更远的目标迈进。让我们携手并进，共创《草业学报》更加辉煌的明天！

我希望每一位读者都能从这本书中获得启发，理解学术期刊编辑的工作，尊重他们的劳动成果，同时也能激发自己的创作热情。让我们共同携手，为知识的传播、学术的繁荣贡献我们的力量。

参 考 文 献

[1] 徐利杰.编辑：新媒体时代专业学术期刊的"灵魂"[J].文化产业，2024(21)：37-39.

[2] 刘淑婧.期刊编辑出版中的生态语境美学[J].文化产业，2024(20)：10-12.

[3] 朱冬梅.科技学术期刊优秀核心作者群的拓展和维护策略[J].传播与版权，2024(13)：4-8.

[4] 王茜.综合性文化期刊编辑职业能力提升策略[J].新闻世界，2024(7)：107-109.

[5] 刘静.加快构建"三大体系"视域下学术期刊编辑的角色定位与核心素养[J].传媒论坛，2024，7(13)：111-114.

[6] 辛冲冲，王丹竹."编研一体"视域下新时代学术期刊高质量发展研究[J].传播与版权，2024(12)：10-12.

[7] 蔡英辉.从出版把关人到学术经纪人：论科技期刊编辑的职能延展[J].出版科学，2024，32(3)：51-58.

[8] 林国真，王丽琛.5种意识在科技期刊编辑职业素养提升中的助力作用及其实例[J].天津科技，2024，51(6)：109-112.

[9] 杨威，李祥飞.智能编辑技术背景下学术期刊出版革新策略探究[J].新闻研究导刊，2024，15(12)：14-16.

[10] 郭霞.我国学术期刊国际传播能力提升路径研究[J].新闻研究导刊，2024，15(12)：48-50.

[11] 李杨.3个"主动"，提升学术期刊与编辑的生命力[J].编辑学报，2024，36(3)：348.

[12] 白风.新时代学术期刊编辑的社会责任[J].沈阳师范大学学报（社会科学版)，2024，48(4)：91-96.

[13] 冀伦文，王慧，张红霞.科技期刊编辑部组织力的内涵与提升策略[J].中国科技学术期刊研究，2024，35（6）：705-711.

[14] 张明炯.学术期刊协同组稿模式研究[J].浙江海洋大学学报（人文科学版），2024，41（3）：93-97.

[15] 张靓.期刊编辑对学术论文的相对性加工探析[J].新闻研究导刊，2024，15（10）：197-200.

[16] 焦丽珍.AIGC时代期刊编辑的数字素养：内涵审视、发展困境及实践路向[J].教育传媒研究，2024（3）：84-89.

[17] 焦爽.融媒体时代学术期刊编辑选题策划的全流程思考[J].传播与版权，2024（9）：33-35.

[18] 林鲁莹.探讨科技期刊编辑提升同行评议效果的策略[J].科技传播，2024，16（9）：70-73.

[19] 彭笠.论学术期刊编辑个人发展与职业发展的融合共生[J].新闻世界，2024（5）：107-110.

[20] 马琳.期刊编辑面临的困难、挑战及应对之策探究[J].新闻研究导刊，2024，15（9）：200-202.

[21] 杨辉.学术期刊智慧出版的创新发展路径探析[J].新闻研究导刊，2024，15（9）：225-227.

[22] 宁帅.期刊编辑校对质量的管控措施[J].中国报业，2024（8）：204-205.

[23] 汤太祥.新时代学术期刊编辑的素质构建[J].盐城工学院学报（社会科学版），2023，36（6）：80-83.

[24] 王国新.学术期刊编辑工匠精神探析[J].烟台职业学院学报，2023，18（4）：24-27+88.

[25] 梁艳珍.新时代学术期刊编辑的坚守与创新[J].传媒，2022（15）：46-48.

[26] 杨春艳.融媒体时代学术期刊的变化与应对[J].晋城职业技术学院学报，2022，15（2）：36-38+53.